大/学/公/共/课/系/列/教/材

DAXUESHENG NEIXING JIAOYU
JIANMING JIAOCHENG

U0659522

大学生内省教育简明教程

赵作斌 ◎ 主编

北京师范大学出版集团
北京师范大学出版社

图书在版编目（CIP）数据

　　大学生内省教育简明教程 / 赵作斌主编. —北京：北京师范大学
出版社，2020.12（2022.8 重印）
　　ISBN 978-7-303-26907-5

　　Ⅰ. ①大… Ⅱ. ①赵… Ⅲ. ①思想政治教育—中国—高等学
校—教材　Ⅳ. ①G641

　　中国版本图书馆 CIP 数据核字（2021）第 050572 号

营　销　中　心　电　话　　010－58807651
北师大出版社高等教育分社微信公众号　　新外大街拾玖号

DAXUESHENG NEIXING JIAOYU JIANMING JIAOCHENG

出版发行：北京师范大学出版社　www.bnupg.com
　　　　　北京市西城区新街口外大街 12-3 号
　　　　　邮政编码：100088
印　　刷：天津市宝文印务有限公司
经　　销：全国新华书店
开　　本：787 mm × 1092 mm　1/16
印　　张：13.25
字　　数：224 千字
版　　次：2020 年 12 月第 1 版
印　　次：2022 年 8 月第 3 次印刷
定　　价：42.00 元

策划编辑：周劲含　　　　　　　责任编辑：周劲含　钱君陶
美术编辑：李向昕　　　　　　　装帧设计：李向昕
责任校对：段立超　王志远　　　责任印制：马　洁

主编简介

赵作斌 武昌理工学院校长、教授。长期从事高等教育、教育管理等领域研究。主持国家级课题2项，其中国家重点攻关课题1项；省部级课题3项。著有《大学成功素质教育理论与实践》《大学素质学分制理论与实践》等专著20余部。在《人民日报》《光明日报》《中国教育报》《中国改革报》《中国高教研究》《中国高等教育》等媒体或专业教育刊物上发表《论素质》《论素质教育的本质内涵》《素质教育——中国教育的时代标帜》等论文100余篇。在我国高等教育界产生了重大影响。"大学生成功素质教育理论与实践"获国家级教学成果二等奖、湖北省教学成果一等奖；其成功素质教育系列专著与论文先后获得"全国先进理论与实践成果"一等奖、"中国当代教育思想优秀论文"一等奖、"亚洲教育改革东京高峰会优秀论文"特等奖等；《大学素质学分制理论与实践》荣获第七届全国高等学校科学研究优秀成果三等奖。主要兼职有：中国人民政治协商会议湖北省委员会第八届委员，第九届、十届、十一届、十二届常务委员；民盟湖北省委员会第十届、十一届常务委员，第十二届、十三届副主任委员；湖北省中华职业教育社副主任、中国民办教育协会副理事长、中华全国教育家协会副会长、中国高等教育学会常务理事、教育部本科教学评估专家等。

编　委　会

序 言

　　内省在我国有着几千年的文化传承。在中国传统文化中，内省既是一种重要的道德修为方法，也是一种优秀的个人道德品格。其精神实质在于强调通过不断地自察反省，持续强化理想信念、社会责任意识和自我提升，从而自觉成为一个符合时代和国家需要，具有崇高理想、科学信仰和高尚品格的有用之才。早在春秋时期，孔子就提出"见贤思齐焉，见不贤而内自省也"。通过"吾日三省吾身"并达至"内省不疚"成为几千年来君子圣贤修身养性的普遍要求和重要方法，也使中华民族在善于自察反省中不断凝聚优秀民族品格、升华着伟大的中国精神。

　　作为中国传统文化的瑰宝，内省根植于民族血脉，又必将在新时代焕发蓬勃生机。早在 2013 年，习近平总书记就指出，必须加强全社会的思想道德建设，激发人们形成善良的道德意愿、道德情感，培育正确的道德判断和道德责任，提高道德实践能力，尤其是自觉践行能力。2019 年 4 月，习近平总书记在纪念五四运动 100 周年大会上的重要讲话中再次强调，新时代中国青年要善于从中华民族传统美德中汲取道德滋养，从自身内省中提升道德修为，追求更有高度、更有境界、更有品位的人生。2019 年 10 月，国务院印发《新时代公民道德建设实施纲要》，又以文件的形式强调要抓好青少年等重点群体的教育引导，引导他们从自身内省中提升道德修为。这些都进一步赋予了内省教育新的时代内涵和重要意义。

　　武昌理工学院坐落于九省通衢的武汉，背靠梅南山，环依汤逊湖，山涧映胸怀，碧波照心境，为学校孕育了内省的浓厚环境氛围和深厚历史文化底蕴。早在 2009 年，学校便开展了对内省教育的深入探索，并逐渐使"内省"成为思政课教学的延伸和深化，成为一种全新的思想品德教育模式。通过探索，我们认为新时代的内省教育，就是充分借鉴我国优秀传统文化中的"内省"思想，通过线上线下相结合的现代集中教学活动，促进大学生自主自觉养成内省习惯、弘扬内省精神、提升道德修养、培树高尚品格。2013 年起，"内省"正式作为必修课程建设，纳入学生重要素养培育，列入教学计划，开展课堂教学，规范考核评价，计入学分。课程面向全校本科生，贯穿大学四年，包含勤学、励志、修身、人生、担当、协作、成功七个主题，平均每学期学生修读人数 10000 人左右。经过长期的探索，内省教育已成为培育大学生思想品质和道德品质的重要途径，在教师的引导和启发下，学生一方面通过积极的自我对照、感悟、反思，在思想和道德修养上真正实现了内在的觉悟和提升，另一方面通过有计划的培养、训练，领会、掌握了自身内省和道德实践的科学方法。2020 年春，学校多名毕业生积极投身抗击新冠疫情一线，面对采访，学生深有感触地说："内省课教会我做人。"学生在校期间"只是觉得这门课非常新颖有趣"，但是当步入社会后，"才发现内省课对自己的价值观念、思维模式、行为方式都有着潜移默化的深刻影响"。内省课使他们学会了"凡事换位思考，永远保持善良"。

将内省教育作为一门必修课程开设，在国内外高校并不多见。美国哈佛大学的"crafting your life"（打造你的人生）课程采用了类似于反思教育的理念和方法。我校是较早对内省教育开展系统探索并正式将其作为一门本科必修课开设的高校。为进一步总结内省教育经验、提升教育效果，我们在十余年教学探索的基础上，编写了这本《大学生内省教育简明教程》，并希冀以此抛砖引玉，引发更多对内省这一我国传统文化瑰宝的发掘、探讨、交流和弘扬、传承。本书共分为 7 篇 28 个专题，7 篇分别为：勤学篇、励志篇、修身篇、人生篇、担当篇、协作篇、成功篇，可在大学本科 1～7 学期对应开设。每个专题遵循我校长期探索总结出的内省教育规律，分为熟读精思、返观内视、口诵心惟、品评卓逸 4 个阶段，以及内省主题、线上熟读、精思感悟、困惑内照、研讨检视、体会返观、诵阅名言、哲理探讨、分组演讲、总结点评、习得品味、反思提升 12 个步骤，对应"四阶十二步"内省教学法。在具体写作中，力求体现内省精神，体现"引""启""导"，而不是说教、灌输的思路，尽可能让学生自己去体味、反思、觉悟并得出结论，达到"点而不破，呼之欲出"的效果，最后学生自己拂去思想的尘埃，践行高尚的情操。

诚然，中华文明源远流长，积淀几千年的厚重内省文化，非我们十余年所能深入体味。但正是得益于我国优秀传统文化的滋养，我们梅南山人厚植了一份敢于"追求卓越，走向成功"的情怀。这份情怀，使我们勤于总结、勤于反思，并敢于将已有的探索思考编纂成书、面呈世人——尽管我们知道，它也许还不够成熟，还需要成长和发展。但我们相信，内省传统和精神在一代代梅南山人不断地践行和传承中，必将越来越能发挥出其巨大的教育作用、越来越能引起人们的关注和思考。这正如《论语》中的一句话："内省不疚，夫何忧何惧?"

是为序。

赵作斌

2020 年 9 月 10 日

于梅南山武昌理工学院

目　　录

勤 学 篇

少年辛苦终身事

——怎样过好大学生活？

"何事居穷道不穷，乱时还与静时同。家山虽在干戈地，弟侄常修礼乐风。窗竹影摇书案上，野泉声入砚池中。少年辛苦终身事，莫向光阴惰寸功。"这首唐代杜荀鹤的《题弟侄书堂》，意深情真、语重心长地告诫世人：无论身处何境，均应珍惜时光、谨守礼道、勤奋修业。

当同学们经历紧张的高考，收到大学录取通知书时，对"大学是什么？""怎样过好大学生活？"这些问题的思索就已经开始。而当你正式踏入大学，漫步于书香校园，这些问题进一步摆在了大家面前：这所美丽的大学校园究竟能给你带来什么？应当在这里度过怎样的大学生活？本专题试图与大家一起探讨上述问题。

一、熟读精思

（一）内省主题

大学是什么？怎样过好大学生活？

（二）线上熟读

书目：《读大学，究竟读什么》《你在为谁读书：哈佛大学给青少年的人生规划课》《大学进化论：入学不迷茫，毕业不后悔》。

（三）精思感悟

阅读以下两则材料，结合线上熟读，个人独立思考，完成思考题。

材料一

清华学生的计划表

2019年，清华大学官方微博晒出的"清华学生的计划表"冲上热搜，引发热议。据清华大学官方微博介绍，这份"清华学生的计划表"是正在清华大学校史馆举行的"清华大学优良学风档案史料展"中的一份展品。

这些学生每周都会确定详细的作息时间表，将自己需要完成的各种任务详细地列出来，然后一一完成，包括周六和周日。清晨6点起床，40分钟洗漱、吃饭，6点40分开始学习，上午两节课，中午两个小时还要打印课件、找老师或自习功课，下午四节课，晚上8点55分开始复习、做习题或自习，凌晨1点睡觉。每天针对自己的学习情况、社会工作、体育锻炼、生活状态、修养品行等做出总结，并对一天的学习情况进行总结。

看完之后很多网友都感到惊讶，本以为，那些考上清华北大的人，在进入大学后可以松一口气，因为光是顶着学校的名字，就足以保证毕业后有一份体面的工作。但那些人知道，现有的成果不是凭借一时运气，而是自己持续努力的结果。越努力，才会越幸运。鲁迅说："所谓天才，不过是把别人喝咖啡的时间用在工作上了。"列夫·托尔斯泰说："人生不是一种享乐，而是一桩十分沉重的工作。"当你还在为自己终于熬过中学进入大学而沾沾自喜，想要暂时放纵自己，做一段时间的废柴，却不知道，那些比你还优秀的人，却一直比你还努力。

——参见《牛！清华学生计划表上热搜，大写的服！》，载《人民日报》微信公众号，2019 年 4 月 16 日。

材料二

周恩来的学生时代

1898 年 3 月 5 日，周恩来出生在江苏省淮安府山阳县（今淮安市）的一个"绍兴师爷"之家。他自幼在嗣母陈氏的指导下学习经典名著，打下了扎实的文化根底。从 1910 年至 1917 年，他先后入银岗书院、东关模范学校、天津南开学校读书，不仅在才学、品行、社会活动诸方面都有出类拔萃的表现，而且还确立了"为中华之崛起而读书"的雄心壮志。他还远赴日本和欧洲留学，在反复思索的基础上，最终选择了马克思主义和共产主义的信仰，并于 1924 年 7 月回国投身革命事业。

周恩来的学生时代，无疑是他探索中国救亡图存之路，逐渐成长为一代伟人的重要时期。例如，在南开学校的 4 年的学习生活，使周恩来从各方面都成熟起来。由于伯父收入微薄，经济上有困难，他很少回家，平时利用假日和课余时间，为学校刻蜡版，抄写教学讲义，以补贴膳食费，减轻家庭的经济负担。尽管生活艰辛，但是周恩来的成绩丝毫没有受到影响。他的国文和数学成绩尤为突出：1914 年 12 月 14 日，他荣获南开学校"国文传观"比赛第二名；1916 年 5 月 6 日，南开学校组织了一次不分年级的全校国文特试，11 个班的代表 200 多人参加，周恩来的《诚能动物论》，经南开学校创办人严修亲自选定为第一名；据校报《校风》记载，他是笔算速赛 48 名最优者之一，代数则能得到满分。另外，在演讲、演话剧、编校报等活动中，周恩来也展现出自己多才多艺的特点。周恩来还是南开学校《校风》周刊的主要领导者和供稿人，为《校风》撰写了很多文章，选题涉及政治、经济、文化以及国内外大事，颇受欢迎。

1917 年 6 月 26 日，周恩来以平均分 89.72 的成绩从南开学校毕业。在参加毕业典礼时，他还获得了国文最佳奖，并代表毕业同学致答辞。《毕业同学录》中对周恩来作了如下评价："君性温和诚实，最富于感情，挚于友谊，凡朋友及公益事，无不尽力""君家贫，处境最艰，学费时不济，而独于万苦千难中多才多艺""善演说，能文章，工行书""长于数学""毕业成绩仍属最优"。

——参见《周恩来的学生时代》，人民网—中国共产党新闻网，2017 年 6 月 14 日。

思考题：

1. 你理想的大学生活是什么样的？你对大学生活有什么规划？

2. "清华学生计划表"和"周恩来的学生时代"对你有何启发？

二、返观内视

（一）困惑内照

结合熟读精思，简要回答以下问题：

1. "熬过高中，大学就轻松了"吗？

2. 你觉得大学生活应该怎样过才有意义？

（二）研讨检视

1. "熬过高中，大学就轻松了"吗？

（1）讨论

大学学习任务比中学轻松吗？进入大学可以松懈下来好好休息了吗？大学管理不严，可以随便逃课吗？大学毕业很遥远吗？60 分万岁，多一分浪费？

（2）点评

中学时期，很多同学听到类似的说法，认为到大学就轻松了。其实，这可能只是一个善意的谎言，目的是给高考压力下的大家一个坚持下去的动力。上大学后，你会发现大学学业绝非轻轻松松就能完成的。大学期间，不仅课程繁多、安排紧凑，而且还有课外活动、社会实践等各种各样的考核活动。为了引导大家搞好学习、全面提升自己，各个大学都对学生的学业任务等提出了严格要求，建立了一系列规范的考核评价机制。课程结业也不只是由期末考试决定，还要参考学生日常学习情况。学习是一个逆水行舟的持续努力和不断提升的过程，大学生活只有一次，几年一晃就过去了。大学生活的绚丽多彩将令人难以忘怀，我们一定要好好珍惜，不要等到结束的时候后悔终生。

2. 我们应该怎样度过大学生活？

（1）讨论

大学为什么要勤奋学习？大学学什么？大学搞好学习就行了吗？怎样做到珍惜大学时光？

（2）点评

当今时代是知识的时代、信息的时代、创新的时代，人才市场的竞争日益激烈，毕业难、就业难、生活难的考验将是常态。因此，大学生除了要高质量完成学业，还需要从各个方面全方位提升自己，如积极参与学校社团活动、文娱活动、比赛竞赛、社会实践等，全面提升自己的素质；结合自己的专业、兴趣和未来发展需要尽可能地通过一些资格考试、多拿一些从业证书等，厚植自己的知识储备、能力储备，奠定自己的从业优势。学习是梦想的起点，我们应当从大学一入学起就树立明确的努力目标，将自己的大学生活安排得充实而有序。经过几年努力，成为一个在各方面均全面超越入学时的自己！

3. 大学中如何学会学习、思考和生活？

（1）讨论

大学中如何学会学习？大学中如何学会思考？大学中如何学会生活？

（2）点评

学习、思考和生活是人生不可或缺的养分，更是构成大学生活的主体内容。只有三者交融互动，才能奏响大学生涯的华美乐章。学会学习、思考和生活看似是一个老生常谈的话题，却是当代大学生在多元化的社会环境中健康成长的必然要求。学会学习，要求大学生端正良好的学习态度，掌握科学的学习方法，制订有效的学习计划，涉猎丰富的学习内容。学会思考，要求大学生善于确定自己的人生规划，有敢于质疑的态度，善于反思、总结和修正。学会生活，要求大学生心中有诗和远方，学会营造和谐的人际关系，养成健康的生活方式。大学生学会这三件事，才能变得睿智、理性、崇高，真正感受到大学生活的幸福和精彩，为未来的人生打下坚实厚重的基础。

（三）体会返观

根据困惑内照和研讨检视，通过参与教学活动，分享自己的习得体会。

三、口诵心惟

（一）诵阅名言

博学而笃志，切问而近思，仁在其中矣。

——《论语·子张》

大学之道，在明明德，在亲民，在止于至善。

——《礼记·大学》

人才有高下，知物由学。学之乃知，不问不识。

——［东汉］王充

凿井者，起于三寸之坎，以就万仞之深。

——［北齐］刘昼

三更灯火五更鸡，正是男儿读书时。黑发不知勤学早，白首方悔读书迟。

——［唐］颜真卿

才者，德之资也；德者，才之帅也。

——［北宋］司马光

莫等闲，白了少年头，空悲切。

——［南宋］岳飞

乘风好去，长空万里，直下看山河。

————〔南宋〕辛弃疾

国势之强由于人，人材之成出于学。

————〔清〕张之洞

当时间的主人，命运的主宰，灵魂的舵手。

————〔美〕罗斯福

（二）哲理探讨

结合以上名言，探讨其中蕴含的哲理。

（三）分组演讲

结合诵阅名言及哲理探讨，参考以下角度开展分组演讲。

1. 对大学的总体认识

（1）我心中的大学。

（2）我期待的大学生活。

（3）我的大学规划。

（4）我与我的大学。

2. 对大学与人生的认识

（1）你若盛开，蝴蝶自来。

（2）未来从大学起航。

（3）为什么要珍惜大学时光？

（4）知物由学。

3. 对大学学业的认识

（1）梦想从学习开始。

（2）大学为什么要勤奋学习？

（3）大学搞好学习就行了吗？

（4）大学学什么？

4. 对大学学习方法的认识

（1）切问而近思。

（2）不问不识。

（3）在实践中学真知、悟真谛。

（4）既多读有字之书，也多读无字之书。

四、品评卓逸

（一）总结点评

1. 哲理探讨的点评

中华民族是一个勤于学习、善于思考的民族。我国传统文化中，有众多劝人勤学、教人思考的圣贤名言。中华民族通过不断的学习、思考积淀出中华文明，凝练出民族精神。在上述名言中，"大学之道"道出了大学的最重要意义和大学学习的根本目的；"知物由学""才者，德之资也""人材之成出于学"强调了学习的重要性；"切问而近思""凿井者，起于三寸之坎"阐明了学习的方法和内在要求；"三更灯火五更鸡""莫等闲"则告诫了人们要趁青春年少勤奋学习。罗斯福的话则深刻告诫了人们要学会珍惜时间，从而做自己命运的主宰，灵魂的舵手。

当今时代，是知识蓬勃发展的时代。大学时期，是人生最好的学习时期。正如辛弃疾所言，我们应"乘风好去，长空万里，直下看山河"，自觉从这些名言警句中汲取营养，正确认识大学生活，珍惜大学宝贵时光，勤奋学习善于思考，全面提升自身素质，从而无悔于自己的青春年华。

2. 分组演讲的点评

本课演讲共从四个角度列出了 16 个具体题目。这四个角度从宏观到微观、从感性到理性、从述内到析外，具有一定的内在逻辑。深刻理解其中逻辑、准确把握各题含义是建构好演讲线索和内容的基础。

在具体演讲中，引用经典哲理、引述成功案例能使演讲内容更加生动、论据更加确凿。结合自己的亲身经历谈体会有利于贴近实际、增强感染力。当然，细致的论据准备、充分的个人自信及必要的演讲技巧训练亦能辅助提升演讲的整体效果和水平。

（二）习得品味

大学是什么？怎样过好大学生活？这是每个踏入大学门槛的新生必须首先面对和回答的问题，对这个问题的思考和回答不仅直接关系未来大学生活的成败，甚至还关乎个人一生的成长进步。而通过本次课的内省，当我们试图重新去回答这些问题的时候，以下几点是值得再次细细品味的。

首先，关于大学是什么。讨论大学是什么，是思考怎样过好大学生活的前提。在中学时期，我们都或多或少地听到过关于大学是什么的描述，这些描述大多来源于所谓的"过来人"将大学生活与中学生活对比的感悟。但大学真的就是如每个"过来人"所说的那样吗？对于大学是什么，我们可以从大学的起源与发展、大学的理念与使命、大学的环境与文化、大学的功能与贡献等多个角度进行探讨。事实上，自世界上最早的现代意义上的大学诞生以来，对"大学是什么"问题的追问就一直没停过，而对这一问题的回答也不尽相同。但是，当我们从学生这一视角去探讨这个问题的时候，却容易得出大体一致的结论。那就是：大学是立德树人、培养人才的地方，是青年人学习知识、增长才干、放飞梦想的地方。从这个角度来说，进入大学，意味着青年学生获得了人生最为重要的学习提升机会，这里将是成功之基。

其次，关于怎样过好大学生活。讨论怎样过好大学生活，是正确规划并最终过好大学生活的前提。对于这一问题，我们可以从构成同学们大学生涯的主体内容——学习、思考、生活三个方面——去探讨。这意味着我们至少要搞清楚以下问题：在大学学什么？如何去学习？在大学为什么要勤于思考？如何学会思考？

在大学搞好学习就行了吗？在大学如何学会生活？值得指出的是，要真正回答好这些问题，必须善于从人生长远发展的角度去反思。列夫·托尔斯泰的《安娜·卡列尼娜》开篇有一句话："幸福的家庭都是相似的，不幸的家庭各有各的不幸。"其实大学生活亦是如此。成功的大学生活都是勤学苦思、刻苦努力的结果，当他们站在毕业的门槛上回首大学生活时，他们已全面超越了刚入学时的自己。而失败的大学生活则原因各不相同，有的是沉溺游戏，有的是误入歧途，有的是不得方法，有的是无心奋斗，当他们回首大学生活时，浪费的宝贵时光已无法回转倒流。

由此，通过本次内省，我们需要谨记：人生的黄金时期在青年，青年的理想学习场所在学校，因此大学与青春的交汇构成了人生起航的美丽港湾。"长风破浪会有时，直挂云帆济沧海。"唯有抓住青春、珍惜大学生活，才能实现"一鞭风雨万山飞"。

（三）反思提升

围绕本次内省主题，在课后及以后日常生活中经常积极反思以下问题：

1. 我珍惜大学生活了吗？

2. 我树立了明确、正确的大学学习目标了吗？

3. 我做到勤学善思了吗？

4. 我全面提升自己了吗？

学所以益才也，砺所以致刃也

——怎样完成好大学学业？

"子思曰：学所以益才也，砺所以致刃也。吾尝幽处而深思，不若学之速；吾尝跂而望，不若登高之博见。故顺风而呼，声不加疾而闻者众；登丘而招，臂不加长而见者远。故鱼乘于水，鸟乘于风，草木乘于时。"西汉刘向《说苑·建本》中的这段话，告诫了人们要善于学习，借以磨砺和增加自己的才干。

本领和才干不是天生就具备的，它们是需要我们不断地学习和实践来获取的。不经过一番傲雪欺霜的坚持，不经过一番风雨兼程的磨砺，很难学深学透、弄懂弄通，更遑论学以致用、知行合一。尤其在当今世界，知识信息快速更新，学习稍有懈怠，就会落伍。那么大学期间学习的目的是什么？大学要学什么？如何提高学习能力，从而圆满完成大学学业？本专题试图与大家一起探讨上述问题。

一、熟读精思

（一）内省主题

如何提高学习能力？如何完成好大学学业？

（二）线上熟读

书目：《循环：大学学习那些事儿》《如何在大学学习》。

（三）精思感悟

阅读以下两则材料，结合线上熟读，个人独立思考，完成思考题。

材料一

刘少奇的读书观

刘少奇一生热爱读书、学习，无论是在战火纷飞的革命岁月，还是在新中国建设的和平时代，他都勤奋学习并不断思考。其读书的精神、方法值得借鉴。

蚂蚁啃骨头的精神

刘少奇强调读书学习要有持之以恒的态度，要树立不断学习和进步的观念。在上海外国语学社曾与刘少奇同窗的肖劲光回忆：少奇同志学习很刻苦，几乎没有个人爱好，从不聊闲天，看见他的时候，多是在学习俄文、阅读《共产党宣言》或思考着中国革命问题。革命时期，刘少奇也未把学习抛下。1942 年，他奉命从苏北回延安工作，近一年的时间里，跋涉万里，越过日伪 103 道封锁线，途中还参加了滨海、沙区、太岳区三次大的反"扫荡"战斗，在这样极其危险的敌后环境下，硬是把中国历史和中国哲学史系统地学了一遍。新中国成立后，他担负着繁重的领导工作，仍然抓住点滴时间读书。1951 年秋，因长期紧张的工作，刘少奇累倒了，杭州休假期间，他系统地学习了范文澜的《中国通史简编》，足见他对学习真诚的态度。

不唯读书而读书

刘少奇学习马列经典著作，总是结合革命实践，力求解决实际问题。毛泽东赴重庆谈判时，刘少奇代理主席，要求东北局将东北建成"如汉高祖在汉中"，可见他对楚汉相争相当熟悉。1948 年 12 月，刘少奇与马列学院学员谈话：中国革命胜利的形势是确定了，现在不读书可不成，以前在山头上，事情还简单，下了山，进了城，问题复杂了，我们要管理全中国，事情更艰难了，一定要不断刻苦学习，适应新的工作环境和要求。足见刘少奇与时俱进的眼光以及以实际为出发点不断学习的精神。

学思结合的读书方法

读书学习不仅要有勤奋刻苦的精神，亦要有科学的方法。他曾对马列学院学员讲到：没有理论是不行的，不学马列主义理论是不行的，而要学得一点东西，必须靠自己努力，方法也要弄对，只努力而方法不对，也学不到什么，自认为学到了，也是假的，靠不住的。读书学习关键在于阅读的时候边读边思考，做到学思结合。早年求学时期，刘少奇就养成了带着问题读书的习惯，并经常练笔。他在玉潭学校学习时经常以"葛天氏"的笔名为《长沙晚报》《湖南晚报》撰写文章。他主张不仅要阅读而且要勤动笔，因为多写文章能够帮助读书。

——节选自《刘少奇的读书观》，载《学习时报》，2018 年 10 月 17 日。

材料二

活到老学到老的科学家钱伟长

中科院院士钱伟长，是一个传奇式的老人。90 多岁高龄时他仍坚持学习，"学到老，做到老，活到老"是钱伟长的口头禅。他认为，只有不断地学习，才不会老化，才能跟上时代的步伐。他说："我 36 岁学力学，44 岁学俄语，58 岁学电池知识，不要以为年纪大了不能学东西，我学计算机是在 64 岁以后，现在也搞计算机了。"90 多岁高龄时，他还表示"到现在，晚上 9 点以后是我的自学时间"。反观我们现在的青年大学生总是说自己想学习，但是太忙没有时间，听着似乎有些道理，但这绝不是放松学习的道理，学习需要沉下心来，贵在持之以恒，重在学懂弄通，不能心浮气躁、浅尝辄止。

——参见《钱伟长的自强不息》，载《人民日报海外版》，2010 年 8 月 13 日。

思考题：

1. 为什么说学习可以克服本领恐慌？

2. 如何理解"学所以益才也，砺所以致刃也"？

二、返观内视

（一）困惑内照

结合熟读精思，对照简要回答以下问题：

1. 大学学习的目的是什么？

2. 在大学究竟学什么？

3. 你觉得该怎样完成好大学学业？

（二）研讨检视

1. 大学学习的目的是什么？

（1）讨论

大学学习仅仅是为了通过考试吗？大学学习中最重要的是什么？最忌讳的是什么？

（2）点评

现代社会是人才型社会、知识型社会、技能型社会，知识更新迭代速度越来越快，知识技能储备要求越来越高，但是各行各业高素质技能型人才缺口却越来越大，大学生只有珍惜时间勤奋学习，日新月异的时代才不会抛弃你，才不会被日益激烈的竞争所打败。

其实人的一生就是一个不断学习的过程，青年大学生要想全面、系统地掌握知识，必须做到持之以恒、勤勉努力、终身学习，在生活中布满学习的痕迹，做到无时不学习，无事不学习。同时学习和运用是密不可分的，青年大学生学习，其目的不应是为了学习而学习，更不应是为了应付几门课程考试，而应在于实践，将学习到的知识、技能运用到工作的方方面面中，创造价值，推动社会发展。这便是学习的终极目的，也是检验学习成效的唯一法宝。

2. 大学究竟学什么？

（1）讨论

大学学什么？学专业知识？学技能知识？

（2）点评

学习不仅是拘泥于四方教室读"有字之书"，还要在广阔天地读"无字之书"，青年大学生要在生活的点滴、社会的实践、课堂的书本中积累和提升经验与社会阅历。如：费孝通先生一生笃信"读万卷书，行万里路"，他长期深入中国乡村，开展细致入微的田野调查，去看农村的变化，去听农民的心声，去了解当地的情况。他坚持沉下去，把自己当成当地的一员，扎根在广阔农村大地上，用心感悟农民的生活点滴。直到 90 岁高龄，费孝通先生仍旧奔赴于田野农村之中，用双眼去看，用心去感受，切切实实地去经历。他这种坐得住、沉得下、耐得住，踏踏实实做学问，认认真真钻科研的精神，值得我们学习效仿。因此，新时代大学生既要有"书卷气"，又要"接地气"，在书本中提升自我修养，夯实理论基础，在实践中不断积累经验，增长实干。

3. 你觉得该怎样完成好大学学业？

（1）讨论

学习光靠读书吗？我们该向谁学，通过什么渠道学习？

（2）点评

当今世界是知识信息大爆炸的时代，每个人要在知识洪流中站稳脚跟，拥有广阔天地，就必须不断学习，不断积累。本领的增强和素质的提升不是天生的，是通过不断的学习积累来内化获得的。青年大学生抓学习，要弄清楚"向谁学""怎么学""通过什么渠道学"，这是必须要明确的核心问题。我们应当利用大学的宝贵学习时光，认真完成各门课程学习、积极主动投身于各类社会实践活动，同时尽可能丰富充实自己的业余生活，全方位提升自己。

（三）体会返观

根据困惑内照和研讨检视，通过参与教学活动，分享自己的习得体会。

三、口诵心惟

（一）诵阅名言

学而不厌，诲人不倦。

——《论语·述而》

不知则问，不能则学，虽能必让，然后为德。

——《荀子·非十二子》

为学读书，须是耐心，细意去理会，切不可粗心。为数重物，包裹在里面，无缘得见。必是今日去一重，又见得一重。明日又去一重，又见得一重。去尽皮，方见肉。去尽肉，方见骨。去尽骨，方见髓。

——［南宋］朱熹

学和行本来是有机联系着的，学了必须要想，想通了就要行，要在行的当中才能看出自己是否真正学到了手。否则读书虽多，只是成为一座死书库。

——谢觉哉

省出来的时间愈多，就是读书的时间愈多，使工不误读，读不误工，工读打成一片，才是真正人的生活。

——李大钊

读史使人明智，读诗使人灵秀，数学使人周密，科学使人深刻，伦理学使人庄重，逻辑修辞使人善辩，凡有所学，皆成性格。

——［英］培根

读书是易事，思索是难事，但两者缺一，便全无用处。

——［美］富兰克林

（二）哲理探讨

结合以上名言，探讨其中蕴含的哲理。

（三）分组演讲

结合诵阅名言及哲理探讨，参考以下角度开展分组演讲。

1. 对大学学业的总体认识

（1）知识是成才的基石。

（2）知识就是力量。

（3）学习成就未来。

（4）学然后知不足。

2. 对大学学习方法的认识

（1）不知则问，不能则学。

（2）为学读书，须是耐心，细意去理会。

（3）纸上得来终觉浅，绝知此事要躬行。

（4）工不误读，读不误工。

3. 对大学学业规划的认识

（1）规划学业，赢得未来。

（2）人不学，不知道。

（3）吾生也有涯，而知也无涯。

（4）进学致和，行思方远。

四、品评卓逸

（一）总结点评

1. 哲理探讨的点评

丰富的知识是个人成长成才必备的基石。在青年时代，特别是在大学学习阶段，一定要把基石打深、打牢，踏踏实实学知识、勤勤恳恳求真理、认认真真悟道理，不能满足于碎片化的学习，快餐化的知识，不能拘泥于课堂学习、前人经验、书本知识，要通过理论与实践的结合，丰富学识，增长见识，提高技能。

在上述名言中，"学而不厌，诲人不倦"强调了学习的态度；"学了必须要想，想通了就要行"强调了学习的目的；"不知则问，不能则学""为学读书，须是耐心，细意去理会，切不可粗心"强调了学习的方法；"凡有所学，皆成性格"强调了学习的多样性、广泛性，表明开卷有益。

我们要自觉从这些名言警句中汲取营养，坚持在勤勉好学中品味人生真谛，在踏实肯干中挖掘真知学识，在奋发图强中实现人生理想，在善思进取中提升自我。

2. 分组演讲的点评

本课演讲共从三个角度列出了12个具体题目。这三个角度从宏观到微观、从感性到理性、从述内到析外，具有一定的内在逻辑。深刻理解其中逻辑、准确把握各题含义是建构好演讲线索和内容的基础。

在具体演讲中，引用经典哲理、引述成功案例能使演讲内容更加生动、论据更加确凿。结合自己的亲身经历谈体会有利于贴近实际、增强感染力。当然，细致的论据准备、充分的个人自信及必要的演讲技巧训练亦能辅助提升演讲的整体效果和水平。

（二）习得品味

大学生如何完成好大学学业？如何提高学习能力？这是每个踏入大学门槛的新生必须首先面对和回答的问题。而通过本次课的内省，当我们试图重新去回答这些问题的时候，以下几点是值得再次细细品味的。

首先，怎样完成好大学学业？完成好大学学业，是大学生拥有立身之本的前提。在步入大学之前，我们或多或少对大学都有一个懵懂的认识，也听到那些过来人分享的经验，但事实真的是这样的吗？要真正回答好这个问题，意味着我们至少要搞清楚以下问题：学什么？为什么要学？怎么学？学业规划是什么？值得指出的是，学习是大学生的本职工作，大学生只有踏踏实实勤奋苦学，才能赢得主动、赢得优势、赢得未来。如果不主动积极地更新知识、拓宽眼界、打破固有模式、优化技能，就会被时代的滚滚浪潮打翻。如果大学生囿于自我，只追求个人眼前的"小确幸"，只满足于"及格标准"，则会被时代淘汰。新时代的大学生要立志高远，做时代的奋斗者、拼搏者。

其次，如何提高学习能力？学习不是苦读书，不是死用功。没有良好的学习能力，学习就容易"竹篮打水一场空"甚至误入歧途，因此我们可以从以下几个角度思考，如何把握正确的学习方向？学习是否只学书本知识？学习是否需要实践？值得指出的是，提高学习能力，需要付出时间和精力，需要付出心血和汗水，需要付出艰辛和努力。那么从这个角度出发，我们只有"终身学习"才能不断地提高我们的学习能力，如果不勤奋好学，能力技能就会退化，知识结构就会弱化，思维模式就会僵化。

由此，通过本次内省，我们需要谨记：要完成好大学学业，一是要会"学"，知道该学什么，二是要把握正确的学习方向，坚持多方面学习，既读有字之书，也读无字之书，在实践中增长新本领，形成学以致用、用以促学、学用相长的良性循环。

（三）反思提升

围绕本次内省主题，在课后及以后日常生活中经常积极反思以下问题：

1. 我学习的目的是正确的吗？
2. 我做到勤奋好学了吗？
3. 我掌握正确的学习方法了吗？
4. 我做到学以致用、学用相长了吗？

学而不化，非学也

——如何理解学习的真谛是内化？

"学而不化，非学也"这句话出自宋代杨万里的《庸言》，它深刻揭示了学习的真谛是内化。如果只知道学，却不懂得把学问化用、融会贯通，便不是真正有成效的学习。

大学是青年学子学习知识、增长才干、放飞梦想的地方。大学生只有明确了大学学习的目的，理解了学习的真谛是内化，才能学有所成，为未来的人生发展打下坚实的基础。学习的目的是什么？学习与内化之间的关系是什么？本专题试图与大家一起探讨上述问题。

一、熟读精思

（一）内省主题

学习的目的是什么？学习与内化之间的关系是什么？

（二）线上熟读

书目：《朱子读书法》《向毛泽东学读书》。

（三）精思感悟

阅读以下两则材料，结合线上熟读，个人独立思考，完成思考题。

材料一

纸上谈兵

战国时期，赵国大将赵奢曾以少胜多，大败入侵的秦军，被赵惠文王提拔为上卿。他有一个儿子叫赵括，从小熟读兵书，张口爱谈军事，别人往往说不过他，因此很骄傲，自以为天下无敌。然而赵奢却很替他担忧，认为他不过是纸上谈兵，并且说："将来赵国不用他为将罢，如果用他为将，他一定会使赵军遭受失败。"果然，公元前259年，秦军又来犯，赵军在长平坚持抗敌。当时赵奢已经去世，廉颇负责指挥全军，他年事虽高，打仗仍然很有办法，使得秦军无法取胜。秦国知道拖下去于己不利，就施行了反间计，派人到赵国散布"秦军最害怕赵奢的儿子赵括将军"的话。赵王上当受骗，派赵括替代了廉颇。赵括自认为很会打仗，死搬兵书上的条文，到长平后完全改变了廉颇的作战方案，结果四十多万赵军尽被歼灭，他自己也被秦军箭射身亡。

——节选自东方：《中国成语故事》，山东教育出版社，2014 年，第 143 页。

材料二

李政道"从画地图说起"

著名美籍华人物理学家、诺贝尔物理学奖获得者李政道教授曾于 1984 年 5 月 2 日访问了中国科技大学，在其与少年班的同学座谈时说："考试，只是考一个人的记忆力，考的是运算技巧。这不是学习的重点，学习的重点是培养能力。"

当时李教授问："你们谁是上海来的学生？"

"我是。"一个少年大学生答。

"你对上海的马路熟悉吗？"

"差不多都熟悉。"

"那好，我再找一个从来没去过上海的同学。"李教授一边说，一边指着另外一个少年大学生："好，比如你，没去过上海。现在我给你一张上海地图，告诉你明天考试的内容是画上海地图，要求标出主要街道的名称。"然后，李教授又回头对那位上海同学说："不过，并不告诉你。第二天，叫你们俩来画地图。你们大家说，他们俩哪一个地图画得好一些？"

同学们不约而同地指着那位没去过上海的同学，齐声说："当然是他画得好一些。"

"大家说得对！"李教授很兴奋，接着说，"他虽然没去过上海，但是他可以连街道名称都标得准确无误。不过，再过一天，如果把他们俩都带到上海市中心，并且假定上海市所有的路牌都拿掉了。那么你们说，他们俩哪一个能从上海市中心走出来？"

同学们都笑了，答案是显然的。

李教授说："我们搞科学研究，就是在没有路牌的地方走。只有多走，才能熟悉。你地图虽然画得好，考试可得 100 分，但是你走不出去啊。所以，真正的学习是培养自己在没有'路牌'的地方也可以走路的能力，最后能走出来。这才是学习的最本质的东西。"

——参见方黑虎：《李政道与中国科大少年班》，载《江淮文史》，2019（2）。

思考题：

1. "纸上谈兵"是真正意义上的学习吗？

2. 如何理解"真正的学习是培养自己在没有'路牌'的地方也可以走路的能力"？

二、返观内视

（一）困惑内照

结合熟读精思，简要回答以下问题：

1. 你认为什么是内化？
2. 你觉得自己日常的学习是内化学习吗？

（二）研讨检视

1. 何为内化？我平时的学习是以内化为目的吗？

（1）讨论

当我们认为大学就是混张文凭的时候，我们学习的目的是什么？当我们一边学着思修课程中的社会公德，一边在食堂买饭插队，在宿舍大声喧闹影响他人的时候，我们学习的意义又是什么？

（2）点评

当我们认为学习的目的仅仅是记住一些知识的内容，应付完考试拿到一个证明我们曾经学过哪些知识的文凭，是无法真正通过学习促进素质提升的。比如，现实中，我们大多数人都有过这样的经历：学习过某些知识，虽然考试或初学时对其记忆深刻，但过段时间就忘掉了，这就是对新学的知识缺乏真正的理解，没有真正内化，因而这些知识未能进入自身已有的知识结构，并对态度和行为产生影响或变化，未能成为自身的素质。我们学习的目的是将所接收到的新信息，记忆、理解、消化、践行，直至沉淀为自身的稳定素质，这个过程就是内化。

2. 检验一个人学习是否内化的标准是什么？

（1）讨论

在应试教育唯分数论的时代，我们往往看的是自己考了多少分，通过了几门课程的考试，又或拿到了什么证书，但获得这些是否就能说明我们学有所成，实现内化了呢？接收到了信息知识就具备相应的素质了吗？如何理解"高分低能"？如何解释"知法犯法"？检验是否达成内化的标准又是什么呢？

（2）点评

真正的学习，不是看记得多少知识点，考试能考多少分，而是看我们对所学知识是否内化，是否会运用，是否会在实践中操作、使用、践行，内化为主体的基本素质。素质是人在自身潜质的基础上，经过后天开发内化而成的基本品质，只有那些经常而稳定地表现出来的品质，才能被称为素质。比如，判断一个法官是否习得"公正"的品质，就是看他在执法实践中能否自觉践行，而不是看他口头对"公正"的道理是否讲得头头是道。若他实际并不践行"公正"，甚至"吃了原告吃被告"，那么显而易见没有对"公正"概念从记忆理解到接受运用做到知行合一的内化，更遑论形成"公正"的素质了。

（三）体会返观

根据困惑内照和研讨检视，通过参与教学活动，分享自己的习得体会。

三、口诵心惟

（一）诵阅名言

玉不琢，不成器；人不学，不知道。

——《礼记·学记》

纸上得来终觉浅，绝知此事要躬行。

——［南宋］陆游

学者贵知其当然与所以然，若偶能然，不得谓为学。

——孙中山

读书是学习，使用也是学习，而且是更重要的学习。

——毛泽东

读书若未能加以应用，所读的书等于废纸。

——［美］华盛顿

每一个懂得如何读书的人，就懂得如何利用所学来增进自己的能力，改善自己生活的方式，并使生活充满意义与乐趣。

——［英］赫胥黎

如果我们将学过的东西忘得一干二净，最后剩下来的东西就是教育的本质了。

——［美］斯金纳

（二）哲理探讨

结合以上名言，探讨其中蕴含的哲理。

（三）分组演讲

结合诵阅名言及哲理探讨，参考以下角度开展分组演讲。

1. 对学习目的的认识

（1）人不学，不知道。

（2）丰富学识，增长见识。

（3）求真理，悟道理，明事理。

（4）学者贵知其当然与所以然。

2. 对内化标志的认识

（1）格物致知。

（2）学以致用，学用相长。

（3）使用是更重要的学习。

（4）利用所学使生活充满意义与乐趣。

3. 对学习、内化、素质之间关系的认识

（1）读书是易事，思索是难事。

（2）学习知识不等于养成素质。

（3）若偶能然，不得谓为学。

（4）内化于心，外化于行。

四、品评卓逸

（一）总结点评

1. 哲理探讨的点评

古今中外不少大家就"学习的真谛"提出了真知灼见。在上述名言中，既谈到了教育的本质不是学过的知识，而是经由知识内化形成的素养，也谈到了读书做学问积累知识是一方面，更重要的是理解、消化、吸收后在实践中的运用，并经由知识、经验、思考进一步深化已有的认知。

"人不学，不知道"引出学习的重要性，并着重指出了学习的要义是求真学问，求真理、悟道理、明事理。要通过学习知识，掌握事物发展规律，通晓天下道理，丰富学识，增长见识。其方法是通过学习知识，掌握规律，明了事理，并在实践中充分运用来挖掘人的潜在素质。学习的真谛是内化，内化的标志是会运用践行，要在知行合一上下功夫，内化于心，外化于行。

我们要从这些名言警句中汲取营养，形成对学习正确的认识，理解内化的重要意义，在学习的过程中自觉地以内化为学习目标，不断提升自身的素质，促进全面发展。

2. 分组演讲的点评

本课演讲共从三个角度列出了 12 个具体题目。这三个角度从检视自我的学习观念到领悟学习的本质是内化，明确内化的标志，厘清学习内化与素质形成的关系，准确把握促成内化的学习才能提升素质是建构演讲思路的关键。

在具体演讲中，引经据典、选择合适的案例能使演讲内容更加生动、论据更加确凿。结合自己的实际经历谈感悟与反思，将有助于我们更好地认识自我，超越自我。当然，充分的论据准备、缜密的论证、真实的情感表达，以及必要的演讲技巧训练亦能辅助提升演讲的整体效果和水平。

（二）习得品味

大学学习的目的是什么？该树立怎样的学习观？这是每个进入大学求学的学子都需要思考的问题，对该问题不同的认知必然带来不同的学习态度和学习行为。

首先，关于大学学习的目的是什么？讨论学习的目的是思考怎样学的前提。在高中阶段我们经常听到父母挂在嘴边的一句话就是要好好学习，这里的好好学习更多是指应试教育下知识的学习。而大学的学习不等于知识的学习，学习也不应局限于书本知识的学习，不能"死读书""读死书"，只记住了知识，而不会运用知识，不会分析问题和解决问题，知识没有内化为素质，这样的学生离开学校，进入社会就会显得无所适从。因此，大学无论学习形式如何，是理论的学习还是实践的学习，也无论学习内容如何，是专业的内容还是通识的内容，其目的都是要促进知识内化为个体的素质，只有这样才是真正有效的学习。

其次，应该树立怎样的学习观才能促进素质的提升呢？我们首先要理解素质是人在自身潜质的基础上，经过后天开发内化而成的基本品质。这里表明了素质形成的两种途径：一是先天遗传，二是后天内化。我们不难理解学习是素质后天形成的重要途径，而最终能否形成素质又取决于是否经过学习主体的内化。俗话说"师傅领进门，修行在个人"，外界的知识、信息、活动经过主体大脑的思考反应，通过个体在社会生活与实践活动中检验运用并掌握，才能最终促进素质的提升。

通过本次内省，我们需要知道：学习的根本目的是要提升素质，其关键在于内化，我们有意识地开展的一切旨在增进自身素质的积极思考与实践努力都是内化学习，检验是否内化的标志是会践行、会运用。当前，中国特色社会主义进入了新时代，作为新时代的中国青年，大学生肩负着中华民族伟大复兴的使命，理应在追求真理的学习道路上躬行实践、厚积薄发，不辜负时代的担当和人民的期待。

（三）反思提升

围绕本次内省主题，在课后及以后日常生活中经常积极反思以下问题：

1. 我的学习内化了吗？
2. 我的学习是在提升素质吗？
3. 我做到学以致用了吗？
4. 我求真学问、练真本领了吗？

学而不思则罔，思而不学则殆

——如何实现内化学习？

　　"学而不思则罔，思而不学则殆"出自《论语·为政》。这是孔子所倡导的一种读书及治学的方法。它指的是只读书而不思考，就会因为不能深刻理解而导致不能合理有效利用书本的知识，甚至会陷入迷茫。而如果一味空想而不去实实在在地学习、实践和钻研，则终究是沙上建塔，一无所得。

　　诚然，学习、思考与实践是相辅相成、缺一不可的。只有把学习、思考与实践结合起来实现内化学习，才能学到切实有用的真知。大学的学习就是要求得真学问，练就真本领，因此我们要深入思考通过何种途径和方法能将学习、思考与实践相结合，实现内化学习。思考与内化之间是什么关系？如何实现内化学习？本专题试图与大家一起探索上述问题。

一、熟读精思

（一）内省主题

思考与内化之间是什么关系？如何实现内化学习？

（二）线上熟读

书目：《学会提问》《好好思考》。

（三）精思感悟

阅读以下几则材料，结合线上熟读，个人独立思考，完成思考题。

材料一

祖冲之与圆周率

　　祖冲之是我国南北朝时期杰出的数学家、天文学家。他一生钻研自然科学，在刘徽开创的探索圆周率的精确方法的基础上，首次将圆周率精算到小数点后第七位，即在 3.1415926 和 3.1415927 之间，他提出的"祖率"对数学的研究有重大贡献，领先西方国家近 1000 年。

　　小时候祖冲之听到老师讲"圆周是直径的三倍"，就心生疑惑，觉得有误，遂拿了妈妈绱鞋子的绳子，跑到村头的路旁，等待过往的车辆，丈量马车车轮的直径和周长，结果发现车轮的直径没有三分之一的圆周长。这究竟是为什么？他决心要解开这个谜。经过多年的努力学习，祖冲之研究了刘徽的"割圆术"，并废寝忘食地验证了计算方法的科学性。但刘徽的圆周率只得到 96 边，得出 3.14 的结果后就没有再算下去，祖冲之从 12288 边形，算到 24567 边形，两者相差仅0.0000001。祖冲之知道从理论上讲，还可以继续算下去，但实际上无法计算了，只好就此停止，得出圆周率必然大于 3.1415926，而小于 3.1415927 的结论。之后，祖冲之又进一步得出圆周率的密率是 355/113，约率是 22/7。直到 1000 多年后，德国数学家鄂图才得出相同的结果。

祖冲之曾在著作中自述，从很小的时候起便专攻数术，搜罗古今。他把从上古时期直至他生活的时代的各种文献、记录、资料，几乎全都搜罗来进行考察；同时，主张决不"虚推古人"，决不把自己束缚在前人成说之中，并且亲自进行精密的测量和仔细的推算。像他自己所说的那样，每每"亲量圭尺，躬察仪漏，目尽毫厘，心穷筹策"。

——参见王海林、万海霞：《科学故事与趣味》，安徽人民出版社，2012 年版，第 2 页。

材料二

庖丁解牛

一天，庖丁被请到文惠君的府上，为其宰杀一头肉牛。只见他用手按着牛，用肩靠着牛，用脚踩着牛，用膝盖抵着牛，动作极其熟练自如。他在将屠刀刺入牛身时，那种皮肉与筋骨剥离的声音，与庖丁运刀时的动作互相配合，显得那样和谐一致，美妙动人。他那宰牛时的动作就像踏着商汤时代的乐曲《桑林》起舞一般，而解牛时所发出的声响也与尧乐《经首》十分合拍。

站在一旁的文惠君不觉看呆了，他禁不住高声赞叹道："啊呀，真了不起！你宰牛的技术怎么会这么高超呢？"

庖丁见问，赶紧放下屠刀，对文惠君说："我做事比较喜欢探究事物的规律，因为这比一般的技术技巧要更高一筹。我在刚开始学宰牛时，因为不了解牛的身体构造，眼前所见无非就是一头头庞大的牛。等到我有了 3 年的宰牛经历以后，我对牛的构造就完全了解了。我再看牛时，出现在眼前的就不再是一头整牛，而是许多可以拆卸下来的零部件了！现在我宰牛多了以后，就只需用心灵去感触牛，而不必用眼睛去看它。我知道牛的什么地方可以下刀，什么地方不能。我可以娴熟自如地按照牛的天然构造，将刀直接刺入其筋骨相连的空隙之处，利用这些空隙便不会使屠刀受到丝毫损伤。"

——参见余长保：《名人小故事做人大道理》，中国纺织出版社，2008 年 10 月1 日，第 76 页。

思考题：

1. 你觉得祖冲之的成就跟哪些因素有关，他是通过哪些途径实现的？

2. 庖丁解牛为何如此轻松？其内化解牛之术的关键方法是什么？

二、返观内视

（一）困惑内照

结合熟读精思，简要回答以下问题：

1. 大学可以通过哪些途径内化学习？

2. 为什么说"三习"是内化的关键？

3. 如何通过"三问"内化创新？

（二）研讨检视

1. 大学可以通过哪些途径内化学习？

（1）讨论

大学生内化学习的路径有哪些？如何通过内化学习全面提升自身素质？

（2）点评

大学的任务是培养高素质人才，因此大学生的任务也是促进自身素质的全面提升。大学系统的学习和训练无疑是最主要的学习内化途径，有专业的教师、系统化的课程和教学实训计划，还有及时的反馈和评价。除此之外，大学生还受环境内化的影响，比如一个优秀的班集体会涌现出很多的优秀学生。这种将环境的潜移默化的影响加以吸收、内化为个体素质的方式是大学生生活中普遍的内化学习途径。这里尤其要注意的是环境有优劣之分，就需要我们学会在不利的环境中做正向积极地内化，有意识地磨炼自己，提高自身素质。最后通过积极参加社会实践活动积累经验，反复实践，逐步内化形成素质，这是内化学习的必然途径。

2. 为什么说"三习"是内化的关键？

（1）讨论

什么是"三习"？"三习"与内化之间是什么关系？如何通过"三习"达到内化？

（2）点评

庖丁在杀牛的过程中，不断窥探与熟悉牛的身体构造和经脉骨络，并且经过三年的练习与总结，最后能做到在杀牛时以神遇而不目视。联系到我们的学习也是一样，也存在这样两种情况：一种是会花时间埋头苦学，但只是记住书本知识，不去探求知识背后的规律，没有完成知识的内化，这就像一般的人杀牛不得要领，很费劲；而另一种是像庖丁一样学习前会先研究学习对象，会对即将习得的知识有所思考，提前预习，同时带着预习的思考与疑问进入学习的探究消化吸收，课后再不断地复习、练习、强化理解，从而更好地完成知识的内化，求得真学问，练得真本领。这启示我们内化的关键方法是：三习——预习、练习和复习。

3. 如何通过"三问"内化创新？

（1）讨论

如何理解"三问"？"三问"与内化创新是什么关系？如何通过"三问"实现

内化创新？

（2）点评

长久以来，应试教育标准化生产的现象让学生成了存储器、接收器，没有提问的欲望，没有质疑的精神，已然成为制约创新人才培养的瓶颈。孔子有云：疑是思之始，学之端。一个人要有怀疑精神，有"疑"才真正会思考，会学习。不是简单地接受与相信，而是要持有批判和怀疑的态度，由质疑进而求异，另辟蹊径，突破传统观念，大胆创新。因此，大学生在学习生活中养成独立思考、大胆提问、敢于质疑的意识和习惯就显得尤为重要，要敢问、勤问、善问。敢于提问不只是对不懂的事情要勇于提问，也不只是敢于挑战权威，最重要的是敢于对思考过程本身进行反思。勤问是让思考成为习惯的必经之路，只有常常思考、提出问题，才能形成思辨的能力。善问体现的是思考的广度与深度，是有价值的、有针对性的提问，是经过对问题的深入理解分析、研究、验证基础上的提问。

（三）体会返观

根据困惑内照和研讨检视，通过参与教学活动，分享自己的习得体会。

三、口诵心惟

（一）诵阅名言

温故而知新，可以为师矣。

——《论语·为政》

凡事豫则立，不豫则废。

——《礼记·中庸》

博学之，审问之，慎思之，明辨之，笃行之。

——《礼记·中庸》

智能之士，不学不成，不问不知。

——［东汉］王充

人非生而知之者，孰能无惑？

——［唐］韩愈

读书，始读，未知有疑；其次，则渐渐有疑；中则节节是疑。过了这一番，疑渐渐释，以至融会贯通，都无所疑，方始是学。

——［南宋］朱熹

君子之学必好问，问与学，相辅而行者也。非学无以致疑；非问无以广识。

——［清］刘开

人的大脑和肢体一样，多用则灵，不用则废。

——茅以升

敏于观察，勤于思考，善于综合，勇于创新。

——宋叔和

（二）哲理探讨

结合以上名言，探讨其中蕴含的哲理。

（三）分组演讲

结合诵阅名言及哲理探讨，参考以下角度开展分组演讲。

1. 对内化途径的认识

（1）在环境中内化。

（2）在系统学习中内化。

（3）在实践经验中内化。

（4）融会贯通，都无所疑，方始是学。

2. 对内化方法的认识

（1）凡事豫则立，不豫则废。

（2）君子之学必好问。

（3）温故而知新。

（4）熟能生巧，用进废退。

3. 对思考、实践、创新与内化关系的认识

（1）学而思则化。

（2）思考就是行动。

（3）内化是一切创造的前提。

（4）认知内化，实践生成，迁移提升。

四、品评卓逸

（一）总结点评

1. 哲理探讨的点评

大学阶段，"恰同学少年，风华正茂"，有老师指点，有同学切磋，有浩瀚的书籍引路，可以心无旁骛地求知问学。上述名言警句告诉我们在此阶段该如何掌握科学的学习方法使得学有成效。"博学之，审问之，慎思之，明辨之，笃行之"讲述了学习内化实现的整个过程。朱熹的读书观讲到了"学与思""学与习"的关系，即经过内化思考质疑，在实践中检验运用方能融会贯通，才是真学。"君子之学必好问"讲到了"三问"的必要性。"凡事豫则立"揭示了预习及提前准备的重要性，"多用则灵，不用则废"强调了练习运用方能持续沉淀，形成经验。"温故而知新"讲到了复习的重要性在于能内化出新的认识，这点与宋叔和先生谈学习与创新的观点不谋而合，没有足够的知识学习，思考内化，就不会迸发灵感的火花，实现创新创造。

2. 分组演讲的点评

本课演讲共从三个层面列出了12个具体题目供大家参考。这三个层面从检视自我的学习内化途径到思考科学的内化方法，领会思考、实践、创新与内化的内

在逻辑联系，准确把握内化学习的规律，结合大学实际谈自身该如何内化学习提升素质是建构演讲思路的关键。

在具体演讲中，引经据典、选择合适的案例能使演讲内容更加生动、论据更加确凿。结合自己的实际经历谈感悟与反思将有助于我们更好地认识自我学习的途径方法，以及需要改进、提升的部分。当然，充分的论据准备、缜密的论证、真实的情感表达，以及必要的演讲技巧训练亦能辅助提升演讲的整体效果和水平。

（二）习得品味

当今时代，知识更新周期大大缩短，各种新知识、新情况、新事物层出不穷。如果我们不自觉内化学习各方面的知识，不主动加快知识更新、优化知识结构、拓宽眼界和视野，那就难以增强本领，也就没有办法赢得主动、赢得优势、赢得未来。通过本次课的内省，就如何实现内化学习的话题，以下几点值得再次细细品味：

首先要明确大学内化学习的途径，即环境内化、系统学习内化、实践经验内化等。之所以要通过这些途径内化学习，是因为当代大学生核心素养存在如下主要问题：大学生普遍时代感强，但责任意识薄；求知欲强，但自主学习能力弱；社会参与性弱，自律能力弱。因此，要从营造积极向上，有利于素养形成的环境内化途径入手潜移默化。同时通过大学系统的课程学习内化途径学会学习，发展科学精神和自主能力，并在实践中参与社会，增强社会责任感，提升创新精神和实践能力。

其次是关于内化学习的方法。知识的学习是一个漫长复杂的过程。在当今信息时代，我们每天接触到的信息是纷繁复杂的，想要将这些信息内化为我们的知识，并进而突破创新，"三习""三问"是必不可少的。在预习、练习、复习中体现的是主动学习，内化就是主观能动的过程，将外在信息内化为自身素质。预习有助于找出学习中的新问题，爱因斯坦说"提出一个问题往往比解决一个问题更重要"，预习还能搭建新旧知识的桥梁，使学习变得更为主动，更为有效。练习是实践的另一种表现形式，是对所学新知进行检测性的实践与运用，从而提升掌握与运用的能力。复习是总结归纳升华的阶段，经过学习、思考、实践后的总结不仅能真正内化学习，举一反三，触类旁通，还能产生新的认识，新的创造。而"三问"（敢问、勤问、善问）是贯穿于整个"三习"阶段和学习的过程之中的，在理解认识消化实践基础上的质疑批判，才能促成更深入的学习和创新。

通过本次内省，我们要转变学习观念，认识到自身在学习中的主体地位，通过"三习""三问"化被动学习为主动学习，既要乐学又要善学，敏于观察、敢于质疑、大胆发问、积极探究、努力求证、不断内化提升。既把学到的知识运用于实践，又在实践中增长解决问题的新本领。

（三）反思提升

围绕本次内省主题，在课后及以后日常生活中经常积极反思以下问题：

1. 我做到边学习边思考了吗?
2. 我做到"三习"(预习、练习、复习)了吗?
3. 我做到"三问"(敢问、勤问、善问)了吗?
4. 我是在学中干,在干中学吗?

励 志 篇

志不立，天下无可成之事

——如何理解青年应志存高远？

"志之所趋，无远弗届，穷山距海，不能限也。志之所向，无坚不入，锐兵精甲，不能御也。"这句话出自清代学者金缨编著的《格言联璧·学问》，他用极其浪漫、极其精练的笔法提醒世人：人生在世，立志是事业的开始，立志可以改变人生，我们要早立志、立长志、志存高远。

当我们开启大学生活，进入人生的"拔节孕穗期"，一方面需要学校、教师给予指导和栽培，引导我们认清大学与中学生活的异同，从而在当下做好规划；另一方面，要用心打磨好自己，在青春岁月博观约取，才能实现人生旅程的厚积薄发。人生舞台已备好，大幕已拉开，大学生为什么要立志？怎样做到志存高远？如何实现自己的志向？本专题试图与大家一起探讨上述问题。

一、熟读精思

（一）内省主题

大学生为什么要立志？怎样做到志存高远？

（二）线上熟读

书目：《恰同学少年》《王阳明传》。

（三）精思感悟

阅读以下两则材料，结合线上熟读，个人独立思考，完成思考题。

材料一

王阳明——立志读书学圣贤

王阳明，明代思想家、文学家、哲学家和军事家，历任刑部主事、南赣巡抚、两广总督等职，晚年官至兵部尚书、都察院左都御史。精通儒释道三家，开创了堪称儒学新局面的心学，被认为是可直追孔孟的大圣人。

年少时，王阳明曾问私塾老师："何为第一等事？"私塾老师说："唯读书登第耳。"王阳明却并不认同，认为"登第恐未为第一等事，或读书学圣贤耳"。在王阳明的心里，做圣贤才是头等大事。正是因为年少这个远大的志向，他后来所做的一切都以此为出发点。

他曾经在科举考试的时候，几次落榜。别人都以落第为耻，只有他以落第为荣，他认为真正成为圣贤的人，内心往往要经历很强烈的磨炼，才能成就一番事业。

壮年时，他被贬龙场驿站，历经折磨而"悟道"，首次提出了"知行合一"说，而中华哲学史上一门伟大的哲学"心学"也就此诞生。

在王阳明著书立说的同时，他还曾领兵平乱剿匪，用极少代价闪电般彻底击败数倍于己的敌人。宁王朱辰濠叛乱，他平叛有大功，非但没有受到应有的奖赏，反而差一点被诬告谋反杀头。

王阳明的一生跌宕起伏，但正因年少时他立下了"读书学圣贤"的志向，并把它当作一生的追求，所以后来虽遭遇痛苦和磨难，他仍能不忘自己的志向，探索圣人之道，这才成就了他心学大家的地位，成为历史上极少见的"立德、立功、立言"三不朽者，也为后世树立了读书学习的榜样。

——参见《王阳明——立志读书学圣贤》，载《人民日报海外版》，2017 年 9 月 12 日。

材料二

钟南山——医者仁心　守护苍生

何为英雄？夫英雄者，胸怀大志，腹有良谋，有包藏宇宙之机，吞吐天地之志者也。

1936 年，钟南山出生于江苏南京一个医学世家。他从小受父母的影响，耳濡目染，逐渐喜欢上医学，立志成为一名治病救人的医生。这是他至高的理想，也是他毕生的追求。可惜命运捉弄，1955 年以优异成绩考入北京医学院（现北京大学医学部）医疗系的钟南山因受到"文化大革命"的影响，直到 35 岁才做了医生，在广州担任教学与科研工作，长期从事呼吸道疾病的研究。

为了提升医学技能，1979 年，43 岁的钟南山远赴英国爱丁堡大学医学院进修呼吸学。他克服了各种困难，仅用了两年的时间修完所有学分，顺利毕业。毕业之后他婉拒国外的优厚待遇，毅然回国，服务于中国百姓。

2003 年抗击非典，他成了"非典"战场的不倒红旗，荣立特等功。17 年后，在 2020 年新冠肺炎疫情中，84 岁高龄的他逆行奔赴抗疫最前线，成为稳定民心的无双国士。

钟南山凭借自己卓越的专业技术和光辉的人格魅力，先后荣获国家科学技术进步奖一等奖，以及"2003 感动中国人物""全国先进工作者""改革先锋"等荣誉称号。2020 年 8 月 14 日，钟南山获得"共和国勋章"荣誉称号。

钟南山曾这样说："始终不安于现状，这好像是我生命的主轴……所以我一直在往前走。假如所有人都有这么一颗恒心，都有一个追求，然后努力朝前走，就会有很大的收获。每个人都能这样，不枉过这一生，这个社会就会进步很快，国家也会进步很快。"

——参见《敢医敢言的钟南山》，中国数字科技馆网，2020 年 10 月 19 日。

思考题：

1. 志向的树立对王阳明、钟南山的人生起到了什么作用？你想成为什么样的人？

2. 如何看待"有志之人立长志，无志之人常立志"？

二、返观内视

（一）困惑内照

结合熟读精思，简要回答以下问题：

1. 何为志？青年人为何要立志？

2. 何为崇高的志向？青年人为什么要树立崇高的志向？

3. 青年人如何实现人生的崇高志向？

（二）研讨检视

1. 何为志？青年人为何要立志？

（1）讨论

什么是立志？"找个好工作，迎娶白富美"是人生的志向吗？为什么说"志不立，天下无可成之事"？"人生如蜉蝣，繁华似春梦，何必那么努力"错在哪里？

（2）点评

立志，就是立下志愿，就是树立志向。具体对大学生来说，其实就是要在进入大学这一新的人生阶段时，重新审视自己所处的方位，校验自己前进的方向，通过大学的学习，掌握实现志向的本领，做到不忘初心，砥砺前行，逐步去实现人生价值。

"人无志则不立"，人生奋斗的前提是立志，缺乏坚定正确的志向指引，就像漂泊在海面上的航船没有导航，注定随波逐流。在现实社会中，盲目跟风社会上的一些浮躁风气、盲目信奉成功捷径、盲目相信佛系人生等，会导致不清楚自己的人生定位和努力方向，容易随波逐流、缺少规划、错过成长的黄金时间，甚至一步错步步错，而所有这些恶果最后都要由自己去承担。因此，每个人要成为自己人生的主人，就需要理性、正确的志向引导，也才能最终创造有价值的人生。

2. 何为崇高的志向？青年人为什么要树立崇高的志向？

（1）讨论

革命先烈能够为了共产主义理想抛头颅、洒热血的精神动力来自哪里？青年人应该树立什么样的志向？作为普通人如何树立远大的志向？

（2）点评

立志很重要，志向的选择更重要，确定正确、科学的志向，是立志的关键一环。青年人正处于价值观确立和形成的关键时期，价值观指引着人生的方向，如果确立了错误的志向，就会舍本逐末、南辕北辙。如何让自己树立正确的志向呢？那就是要像革命先烈、英雄模范一样在志向的选择上把好关，在复杂的社会中找准自己的追求和理想，突破个人局限，目光放长远，看清时代发展的趋势，志存高远，做一个"立志是要做大事，不可要做大官"的人。

"千里之行，始于足下。"每一个伟人都来自平凡，每一个伟大的事业都肇始于点滴努力，所有人都是平凡的人，能否成就伟大，关键在于对志向的坚持和践行。就像每一年的感动中国人物都是普通人，他们在平凡的岗位上，通过不懈地坚持和践行，成就了不平凡的事业。

3. 青年人如何实现人生的崇高志向？

（1）讨论

那些我们曾经确立的志向，为什么没有实现？在实现志向的途中会遇到哪些问题？我们该如何实现志向？

（2）点评

"行百里者半九十。"立了志没有实现，可能有因自大而受打击、因自卑而裹足不前、因周围环境影响而放弃、因个人成长而忘记等种种原因，这是人生成长中的正常现象。进入大学，我们已成年，要学着对自己负责，要正视而不回避、面对现实而忠于理想、自信而不自傲自卑，勇敢去追求自己的志向。

鲲鹏扶摇万里，离不开击水大海、御风而行。大学生追求志向，一是要做到明志，就是要始终不忘来时路，始终不忘出发点；二是要做到守志，常立志不如立长志，青年人立大志后，要坚持志向，要有"咬定青山不放松"的坚韧，不要轻易地改变志向。没有行动的梦想，只能是空想；没有坚持的梦想，只能是幻想。

（三）体会返观

根据困惑内照和研讨检视，通过参与教学活动，分享自己的习得体会。

三、口诵心惟

（一）诵阅名言

吾十有五而志于学，三十而立，四十而不惑，五十而知天命，六十而耳顺，七十而从心所欲不逾矩。

——《论语·为政》

志以发言，言以出信，信以立志，参以定之。

——《左传·襄公二十七年》

人无善志，虽勇必伤。

——《淮南子·主术训》

有志者事竟成。

——《后汉书·耿弇传》

宜守不移之志，以成可大之功。

——［北宋］苏轼

学者须先立志。今日所以悠悠者，只是把学问不曾做一件事看，遇事则且胡乱恁地打过了，此只是志不立。

——［南宋］朱熹

志不立，天下无可成之事。

——［明］王阳明

志之所趋，无远弗届。穷山距海，不能限也。

——［清］金缨

立志是要做大事，不可要做大官。

——孙中山

世上无难事，只要肯登攀。

——毛泽东

立志是事业的大门，工作是登门入室的旅途。

——［法］巴斯德

（二）哲理探讨

结合以上名言，探讨其中蕴含的哲理。

（三）分组演讲

结合诵阅名言及哲理探讨，参考以下角度开展分组演讲。

1. 青年对立志重要性的认识

（1）人无远虑，必有近忧。

（2）坚守理想，不忘初心。

（3）学者须先立志。

（4）志之所趋，无远弗届。

2. 青年对为何坚定崇高志向的认识

（1）我们都是追梦人。

（2）志当存高远。

（3）立志于心，责任于行。

（4）青年要立志做大事。

3. 青年对如何实现人生志向的认识

（1）常立志，不如立长志。

（2）为新时代"立德、立言、立功"。

（3）读书立志，心有家国。

（4）千里之行，始于足下。

四、品评卓逸

（一）总结点评

1. 哲理探讨的点评

如何用有限的人生，去创造无限的价值，这是每个人都需要思考的问题，也是自古以来的贤者圣人们立志实现的目标。先人的智慧凝结为诸多至今熠熠生辉的至理名言。从"吾十有五而志于学"到"七十而从心所欲不逾矩","志"贯穿了人的整个生命，是人生之路的起点，也决定人生之路的终点，立志的重要性不言而喻。"志以发言，言以出信，信以立志，参以定之"则道出了立志的良性三环节，"宜守不移之志，以成可大之功"提示了立志后坚持的中流砥柱作用，"志不立，天下无可成之事"点出了立志的关键作用，"志之所趋，无远弗届。穷山距海，不能限也"告诉我们坚持志向的力量。

毛主席的话质朴有力，通俗易懂，表明只要肯登攀，定能实现自己的志向。孙中山先生的话告诫青年人，人生的道路上有很多机遇，但是没有捷径，青年人只有将个人的发展与国家民族的命运紧密相连，脚踏实地，才能在平凡的岗位上干出一番经得起检验的成绩。

自觉学习这些名言警句，用它们蕴含的道理指导我们的学习和生活，鞭策、激励我们立志、践行，可以帮助我们在人生道路上行稳致远，做到志之所趋，成就梦想。

2. 分组演讲的点评

本课演讲共从三个角度列出了12个具体题目。这三个角度、12个题目从宏观到微观、从感性到理性、从述内到析外，具有一定的内在逻辑。深刻理解其中逻辑、准确把握各题含义是建构好演讲线索和内容的基础，引导大家深入理解、全面把握本次内省的主题，做到内化于心。

在具体演讲中，引用经典哲理、引述成功案例能使演讲内容更加生动、论据更加确凿。结合自己的亲身经历谈体会，有利于贴近实际、增强感染力。在演讲中基本演讲素养也很重要，准备充分，有经验的同学仪态、语速、肢体语言会比较自然，缺乏经验的同学就可能出现各种问题，这些细节会影响到演讲的整体效果和水平。

（二）习得品味

什么是立志？青年人要立什么样的志向？青年人要怎样科学的立志？这是每一个青年大学生都要面对的。而通过本次课的内省，当我们试图重新去回答这些问题的时候，以下三点是值得再次细细品味的。

首先，关于什么是志，为什么要立志。只有理解了为什么要立志，才能理解需要树立什么样的志向。关于立志，我们可以从古代圣贤的名言典故、从立志对于人生的重要作用、从成才的立志规律、从身边常见对于立志的误解等方面来解读领悟，我们就会发现，时代在变，想过精彩人生的追求不变，立志在人生追求中的重要性不变。那就是，立志是人生奋斗、成就事业的前提。

其次，关于该树立什么志向。方向对了，你就成功了一半，树立正确的志向，是志向实现的前提。对于这个问题，我们可以围绕"立志很重要，那么青年人应该树立什么样的志向？作为普通人，为什么树立远大的志向？"等问题思考，可以借助孔子的故事，也可以借助成语"舍本逐末""南辕北辙""事倍功半"来思考，这些问题、故事和成语，体现着立志中个人努力与个人眼界、个人努力与努力方向、个人发展与时代发展的关系。从这些关系中找到正确的志向，这是立志的关键一环。

最后，关于如何实现自己的志向？我们身边，从不缺乏高谈阔论、言必谈志向的人，但实际真正实现志向的却屈指可数。什么因素阻碍我们实现志向？前事不忘后事之师，对于自己的能力把握不准、对于环境因素考虑不周、对于社会发展没有预见，这是大多数人无法实现志向的主要原因，也是客观原因。"光说不练假把式"，眼高手低的空谈而不是脚踏实地的努力践行，是绝大多数人志向没有实现的最关键的原因。所以，立志须躬行，没有去认真践行的梦想，只能是空想；没有坚持的梦想，只能是幻想。我们需要认真解答立志之后如何明志？如何守志？才能真正实现我们的人生志向。

由此，通过本次内省，我们需要谨记：青年人正处于价值观念确立和形成的关键时期，扣好"人生的第一颗纽扣"是大学生们必须重视的人生大事，要立志先于做事。立志要立好志、立大志、志存高远。立志之后践行是关键，志向的实现需要"虽千万人吾往矣"的果敢，需要"既然选择了远方，便只顾风雨兼程"的坚毅，需要"凡心所向，素履以往"的踏实努力，只有这样，才能实现追求卓越，走向成功。

（三）反思提升

围绕本次内省主题，在课后及以后日常生活中经常积极反思以下问题：

1. 我是否已理解了青年人志存高远的重要意义？
2. 我现在是否可以确立自己的人生志向？
3. 我如何看待"常立志不如立长志"？
4. 我将如何去实现我的人生志向？

热爱祖国是立身之本、成才之基

——青年为什么要有家国情怀？

"病骨支离纱帽宽，孤臣万里客江干。位卑未敢忘忧国，事定犹须待阖棺。天地神灵扶庙社，京华父老望和銮。出师一表通今古，夜半挑灯更细看。"宋代陆游的这首《病起书怀》以警策精粹、灵光独具之笔，表达了诗人深沉的爱国情怀和忧国忧民之心。它启示我们，拥有家国情怀是做人的本分和基本的责任担当，无论身在何处、位尊位卑、顺境逆境，祖国都是我们的依靠，也应是我们的牵挂。

中华民族在数千年历史长河中，创造了优秀灿烂的传统文化，更孕育了深厚的家国情怀。这种情怀，已深深地根植于我们的血脉之中，根植于民族的血脉之中。作为中华民族强大的精神动力，一路走来，它支撑着我们迎难而上，历经千难万险却更加斗志昂扬，不断发展、走向世界。那么，到底什么是家国情怀？青年为什么要有家国情怀？大学生如何树立家国情怀？本专题试图与大家一起探讨上述问题。

一、熟读精思

（一）内省主题

青年为什么要有家国情怀？大学生如何树立家国情怀？

（二）线上熟读

书目：《苦难辉煌》《家国情怀》《沧桑阅尽话爱国》。

（三）精思感悟

阅读以下两则材料，结合线上熟读，个人独立思考，完成思考题。

材料一

"人民楷模"王继才——一辈子守着这面旗

开山岛是我国的黄海前哨。1985 年部队撤防后，当地人武部曾先后派出 4 批 10 多名民兵守岛，都因条件艰苦没能长期值守。1986 年 7 月，人武部政委找到王继才。面对组织挑选，他毫不犹豫接受了任务，瞒着家人上了岛。

放心不下丈夫的妻子王仕花，毅然辞去工作，上岛与丈夫并肩值守。从此，王继才夫妻俩每天做的第一件事就是在岛上升起五星红旗。没有人让他们升旗，王继才却认定，在这座岛上国旗比什么都重要。他曾说："升起国旗，就是要告诉全世界，这里是中国的土地，谁也别想欺负咱！"一次，台风来袭，王继才脑子里只想着国旗。他顶着狂风，跌跌撞撞爬到山顶，奋力把国旗降了下来。回来时，他一脚踩空滚下 17 级台阶，肋骨摔断了两根，人差点被吹进海里卷走。可还紧紧把那面国旗抱在怀里，像是护着一个初生的孩子。

海风呼啸间，王继才坚持了 32 年，让开山岛永远飘扬着一抹令人魂牵梦绕的红色，直到他生命的最后一刻。

开山岛是座石头山，上面没水、没电、没粮，只有几间破营房。一年四季，石缝里的茅草绿了又黄，在海风中簌簌发抖。当地人说，在上面活着都很难，更不要说守。然而，王继才没有退缩。没有水，他们喝水窖里攒下的雨水；没有电，他们晚上点蜡烛；没有粮，他们在岛上种菜、捕鱼，让大女儿在岸上当"补给队长"，不时买点东西托渔民捎来……风一来，岛就与世隔绝了。有一次柴火用光了，夫妻俩一连嚼了 5 天生米。风停时，渔民上岛发现，他们已经饿得说不出话。

王继才没有动摇：守岛就是守国，守岛也是守家。那 30 多年里，曾有过许多诱惑和机遇。走私犯要与他平分利润，蛇头对他威逼利诱、拳打脚踢，王继才没有动摇；岸上经济发展如火如荼，改革开放让周边的人们都富起来了，王继才没有离开。

一年又一年，守岛，从"有期限的任务"变成了"终生的使命"。

——节选自《"人民楷模"王继才——一辈子守着这面旗》，载《人民日报》，2019 年 10 月 11 日。

材料二

钱学森：五年归国路，十年两弹成

他是杰出的科学家，美国人曾形容他"一个人抵得上 5 个海军陆战师"。他是中国航天事业奠基人，坚信"外国人能搞的中国人也能搞"。他曾说："我是大唐的后代，我的一腔热血只图报国。我的根在中国。"他，就是钱学森。

钱学森于 1934 年毕业于国立交通大学，同年 10 月赴美留学。1949 年新中国成立时准备归国，直到 1955 年才完成艰难的归国路；1958 年正式入党。

1923 年，钱学森考上北京师范大学附属中学。钱学森回忆说："我们在附中上学，都感到一个问题压在心上，就是民族国家的存亡问题。我们努力学习就是为了振兴中华。"

当钱学森得知新中国成立的消息，知道中国急需科技方面的人才建设祖国时，他决定放弃在美国的优渥生活回到中国。

美国政府得知此事后，在港口拦下了准备回国的钱学森及其家人，将他监禁在一个海岛上。钱学森一个月内暴瘦几十斤，身心遭受了巨大的伤害。即便如此，钱学森回国的心愿仍未就此打消，最后在周恩来总理的批示和帮助下，于 1955 年完成了他的艰难归国之路。

回国后，钱学森立即投入新中国火箭、导弹和航天器的研究开发工作。他带领科研人员，在艰苦的条件下，克服重重困难，用 4 年时间研制发射成功我国第一枚近程导弹，又用 4 年研制成功中近程导弹，此后又用两年时间，于 1966 年使我国有了导弹核武器。短短 10 年，我国导弹核武器得到了飞速发展，跻身于世界强国之列。

钱学森一生不忘"振兴中华"的诺言，他用一生践行了一个共产党员对祖国和人民的庄严承诺，成为中国航天科技事业的先驱和杰出代表，被誉为"中国航天之父"和"火箭之王"。

——参见《初心：共产党员纪念册》，人民出版社，2018 年。

思考题：

1. 从王继才、钱学森的事迹中，你感受到了怎样的家国情怀？

2. 大学生立身、成才与家国情怀之间有何关系？

二、返观内视

（一）困惑内照

结合熟读精思，简要回答以下问题：

1. 如何看待"两耳不闻窗外事，一心只读圣贤书"？

2. 大学生应如何认识和培树家国情怀？

（二）研讨检视

1. 大学生应"两耳不闻窗外事，一心只读圣贤书"吗？

（1）讨论

"读圣贤书"和"闻窗外事"之间矛盾吗？大学生只要读好"圣贤书"就行了吗？怎样理解"闻窗外事"的含义？

（2）点评

曾经的大学是个象牙塔，无论时局如何动荡，形势如何变化，大学校园里也有暂时的安宁。然而 21 世纪的今天，只读"圣贤书"不闻"窗外事"，已无法适应社会发展和自身发展的需要。当大学生不关心国家政策、时事政治，不关心社会热点、国计民生时，这样的"两耳不闻窗外事"，其本质就是对社会责任感的淡漠。没有社会责任感，不仅自身难以发展，更难成为合格的社会主义建设者和接班人。当代大学生"闻窗外事"就是要做到紧跟时代发展、厘清是非曲直、了解世情国情、关注国计民生，只有这样，才能更清晰地明确自己的前进方向，领悟国家的发展形势，才能将个人发展同社会需要有机融合，从而发展自己、报效国家。

2. 怎样理解家国情怀是大学生应有的情感？

（1）讨论

什么是家国情怀？家国情怀的核心体现是什么？大学生为什么要有家国情怀？

（2）点评

所谓情怀，是一种情感共识。家国情怀，则是指家国一体的情感共识。这种情感共识，不仅是对国家的理念认同，更重要的是对国家的一种归属感。"没有国，哪来家？"正所谓休戚与共，因此，家与国是紧密相连的，家国情怀更是家与国二者的辩证统一。不仅家与国的关系如此，个人命运与国家命运之间也是息息相关的，因此家国情怀的核心体现就是爱国，爱国也是一代代青年志士的深沉情感和不懈追求。在中华民族多次的危急时刻，是广大青年学生以生命的呼喊，让沉睡的东方雄狮觉醒；也是一代又一代的广大青年，高举爱国主义的旗帜，冲锋陷阵，谱写了可歌可泣的兴邦历史。面对复杂的国际国内环境，新时代的青年学生更需要继承和发扬这种爱国传统，为国家富强、民族振兴、人民幸福而努力，创造出无愧于民族和时代的伟绩。

3. 大学生如何培树家国情怀？

（1）讨论

家国情怀仅仅是口号吗？大学生培树家国情怀的重点内容？大学生培树家国情怀的方式？

（2）点评

家国情怀不应是口号，而应时刻装在心中，更应体现在行动中。每个人都应在自己的岗位上，尽一己之力，把自己的事情做好，国家才会越来越好。培树家国情怀是青年大学生继承优良传统、弘扬文化传承、提升自身素质的重要途径和要求。大学生培树家国情怀，就是要树立正确的爱国价值观，强化家国一体意识和家国认同，将爱国之情、报国之志、强国之行融入平时一言一行之中，继承发扬为祖国献身的气节。可以重点通过学习历史、中国优秀传统文化、"红色经典"以及参加丰富多彩的主题实践活动等激发家国情怀，做到以家国天下为重，以民族大义为念，把个人理想追求与国家民族命运维系在一起，继承弘扬"以民为本"与"天下为公"的优秀传统，强化责任担当意识，为实现中华民族伟大复兴中国梦不懈奋斗。

（三）体会返观

根据困惑内照和研讨检视，通过参与教学活动，分享自己的习得体会。

三、口诵心惟

（一）诵阅名言

以家为家，以乡为乡，以国为国，以天下为天下。

——《管子·牧民》

古之欲明明德于天下者，先治其国；欲治其国者，先齐其家。

家齐而后国治，国治而后天下平。

——《大学》

天下之本在国，国之本在家，家之本在身。

———《孟子·离娄上》

捐躯赴国难，视死忽如归。

———［三国］曹植

风声雨声读书声，声声入耳；家事国事天下事，事事关心。

———［明］顾宪成

做人的最大事情是什么呢？就是要知道怎么样爱国。

———孙中山

我荣幸地以中华民族一员的资格，而成为世界公民。我是中国人民的儿子。我深情地爱着我的祖国和人民。

———邓小平

你所站立的地方，就是你的中国；你怎么样，中国便怎么样；你是什么，中国便是什么；你有光明，中国便不黑暗。

———崔卫平

热爱祖国，这是一种最纯洁、最敏锐、最高尚、最强烈、最温柔、最有情、最温存、最严酷的感情。一个真正热爱祖国的人，在各个方面都是一个真正的人。

———［苏联］苏霍姆林斯基

（二）哲理探讨

结合以上名言，探讨其中蕴含的哲理。

（三）分组演讲

结合诵阅名言及哲理探讨，参考以下角度开展分组演讲。

1. 家国情怀的含义

（1）国之本在家，家之本在身。

（2）以国为国，以天下为天下。

（3）家事国事天下事，事事关心。

（4）修身、齐家、治国、平天下。

2. 家国情怀的意义

（1）家国一体，唇齿相依。

（2）家齐而后国治。

（3）爱国是本分，也是责任。

（4）做人最大的事情就是要知道怎样爱国。

3. 家国情怀与青年成长

（1）努力向学，蔚为国用。

（2）我是中国人民的儿子。

（3）你所站立的地方，就是你的中国。

（4）捐躯赴国难，视死忽如归。

4. 培树家国情怀

（1）家国情怀与中国梦。

（2）家国情怀与民族精神。

（3）家国情怀与民族自信。

（4）家国情怀与民族大义。

四、品评卓逸

（一）总结点评

1. 哲理探讨的点评

中华民族是一个最具家国情怀的民族，这与我们的历史、文化、文明传承分不开。在我国传统文化中，有众多具有家国情怀舍生忘死的英雄模范，也有荡气回肠教人深省的圣贤名言。"国之本在家""家齐而后国治"阐述了国与家的关系；"家事国事天下事，事事关心"要求当代大学生关爱家庭，秉承中国的孝道文化的精髓，更要关心国事，关注国家的发展和未来；"做人的最大事情就是要知道怎样爱国""你所站立的地方，就是你的中国"告诫了我们爱国既是本分也是责任担当，家国情怀是青年应当树立的崇高情怀；"捐躯赴国难，视死忽如归""我是中国人民的儿子"以及苏霍姆林斯基的名言更以无限的热情讴歌了爱国的伟大情感。

家国一体，唇齿相依。只有国家富强，人民才能安居乐业，只有天下太平，个人才能有长足发展。青年应自觉从这些名言中汲取营养，培树崇高的家国情怀。

2. 分组演讲的点评

本课演讲共从四个角度列出了 16 个具体题目，分别从家国情怀的含义、家国情怀的意义、家国情怀与青年成长的关系以及培树家国情怀的方法要求等方面，引导大家积极思考。新时代我们理解家国情怀，要注意从中国梦的高度去把握。理解个人发展为基、国家富强为本、民族振兴为用，将个人梦想和个体的价值追求与社会的需要、社会价值紧密结合起来。只有这样，中华民族伟大复兴的中国梦才不是一句空话，亿万家庭都幸福美满才能成为现实。

在具体演讲中，引用经典哲理、引述成功案例能使演讲内容更加生动、论据更加确凿。结合自己的亲身经历谈体会有利于贴近实际、增强感染力。当然，细致的论据准备、充分的个人自信及必要的演讲技巧训练亦能辅助提升演讲的整体效果和水平。

（二）习得品味

青年人为什么要有家国情怀？大学生如何培树家国情怀？这些问题直接关系到青年大学生能否成长为社会主义合格的建设者和可靠的接班人，同时，这也是践行社会主义核心价值观、实现中国梦的重点问题。通过本次课的内省，以下几点是值得再次品味的。

首先，关于什么是家国情怀。家国情怀源于中国的传统文化，此家指的是家乡、家族、故乡，这是一种宗族血缘为基础的社会生活圈，是一个"大"家的概念。在传统文化的意义之上，新时代的家国情怀则可以从民族精神、时代精神、社会主义荣辱观等多个角度进行探讨。讨论什么是家国情怀，既可以帮助当代青年了解家国情怀的内涵，又能帮助他们提升文化自信。

其次，关于青年为什么要有家国情怀。家国一体，从来都是不可分割的。"欲治其国者，先齐其家；家齐而后国治"，我们应当正确理解"修身、齐家、治国、平天下"的逻辑关系，修身是基础，齐家是保障，治国是关键，平天下是目标。家国情怀是中华优秀传统文化的核心理念，根植于民族血脉之中。从屈原"亦余心之所善兮，虽九死其犹未悔"的精神追求，顾炎武"天下兴亡，匹夫有责"的献身精神，到林则徐"苟利国家生死以，岂因祸福避趋之"的大局观，均源自家国文化的浸染，一脉相传。正是这一代又一代人的精神传承，我们的家国情怀才发展到今天，并随着时代的发展和变化，又增添了新的内涵，使家国情怀成为实现中国梦、践行社会主义核心价值观的最好体现。

最后，关于大学生如何培树家国情怀。讨论"如何培养"是一个途径和方法的问题，可以从主观修身和外部要求两个方面进行养成教育。比如，通过主题教育活动、实践锻炼设身处地去体会家国情怀的深厚基础和现实传承，增强认同感；通过学习优秀传统文化、重温红色经典、学习先进模范人物事迹等去感悟，去践行。

由此，通过本次内省，我们需要谨记：爱国就是心里不能只有"小我"，只想着自己和小家，更要有"大我"，想着社会和国家，心中有"大我"之人，才能让生命绽放至炫光彩。大学生既是科技发展的生力军，也是国家和民族发展的生力军，大学生培树家国情怀，就是要树立家国一体意识，强化家国认同，自觉将个人理想融入国家富强、民族振兴、人民幸福的追求之中，在推动实现中国梦的生动实践中放飞青春梦想。

（三）反思提升

围绕本次内省主题，在课后及以后日常生活中经常积极反思以下问题：

1. 我明白家国情怀的含义了吗？

2. 我懂得家国情怀的重要意义吗？

3. 我具备家国情怀了吗？

4. 我知道如何培树家国情怀吗？

青春是用来奋斗的

——怎样拥有无悔的青春？

马克思曾经指出："青春的光辉，理想的钥匙，生命的意义，乃至人类的生存、发展……全包含在这两个字之中……奋斗！只有奋斗，才能治愈过去的创伤；只有奋斗，才是我们民族的希望和光明所在。"

大学是青年"三观"形成的重要阶段。带着一路风尘，带着对青春的渴望和梦想的追求，我们齐聚梅南山下，开启新的旅途，在这段漫漫青春路上，有老师的指引、同学的陪伴、书香的浸润……这些都将成为每个人挥洒青春汗水的不竭动力，可是刚刚踏出家门的我们还处在懵懂阶段，我们也会迷惑，也会思考，青春是什么？怎样拥有无悔的青春？本专题试图与大家一起探讨上述问题。

一、熟读精思

（一）内省主题

青春是什么？怎样拥有无悔的青春？

（二）线上熟读

书目：《习近平的七年知青岁月》《别在吃苦的年龄选择安逸》《奋斗：新时代是奋斗者的时代》。

（三）精思感悟

阅读以下两则材料，结合线上熟读，个人独立思考，完成思考题。

材料一

张楠：忠诚卫士 青春无悔

张楠，中共党员。2015 年 7 月 26 日，他在担负我国驻索马里大使馆安全警卫任务中遭遇恐怖袭击，献出了年仅 28 岁的宝贵生命。武警山东省总队追认他为革命烈士，武警部队追授他"中国武警忠诚卫士"奖章，中宣部授予他"时代楷模"称号。

2014 年 9 月，他所在的部队接到任务：选拔中国驻索马里大使馆警卫人员。去，还是不去？张楠陷入两难：一个多月前，他唯一的姐姐患病离世。一番煎熬，几度纠结，张楠决定报名并成功入选 8 人警卫小组。2015 年 4 月 14 日，使馆北侧发生一起恐怖袭击事件。混乱中，一颗流弹击中了张楠，经抢救，张楠脱离了生命危险，上级通知他回国养伤。张楠急了，挣扎着从病床上起来要求留下来。在手术第 16 天开始恢复体能训练的张楠，重返执勤岗位。2015 年 7 月 26 日 16 时，中国驻索马里使馆所在酒店遭自杀式炸弹恐怖袭击，因伤及动脉失血过多，张楠年轻的生命永远定格在 28 岁．张楠在治疗期间曾写下："生命是最宝贵的，但人总会有一死，有的轻如鸿毛，有的重如泰山。作为新时期的军人，就是要有英勇无畏的气概！"

——参见《张楠：忠诚卫士青春无悔》，新华社，2020 年 5 月 6 日。

材料二

青年英雄

在漫漫历史长河中，人类社会青年英雄辈出，中华民族青年英雄辈出。《共产党宣言》发表时马克思是 30 岁，恩格斯是 28 岁。列宁最初参加革命活动时只有 17 岁。王勃写下千古名篇《滕王阁序》时才 20 多岁。在我们党领导人民进行革命、建设、改革的伟大历史进程中更是青年英雄辈出。中共一大召开时毛泽东是 28 岁，周恩来参加中国共产党时是 23 岁，邓小平参加旅欧中国少年共产党时是 18 岁。江姐牺牲时是 29 岁，雷锋牺牲时是 22 岁，黄继光牺牲时是 21 岁，刘胡兰牺牲时只有 15 岁。守岛 32 年的王继才第一次登上开山岛时是 26 岁，航天报国的嫦娥团队、神舟团队平均年龄是 33 岁，北斗团队平均年龄是 35 岁。这样的青年英杰数不胜数！

奋斗是青春最亮丽的底色。民族复兴的使命要靠奋斗来实现，人生理想的风帆要靠奋斗来扬起。没有广大人民特别是一代代青年前赴后继、艰苦卓绝的接续奋斗，就没有中国特色社会主义新时代的今天，更不会有实现中华民族伟大复兴的明天。

——参见《刚刚！习近平在讲话中提到了这些青年英雄》，新华网，2019 年 4 月 30 日。

思考题：

1. 你觉得青春该是什么样子的？你打算如何度过你的青春岁月？

2. 如何理解"奋斗是青春最亮丽的底色"？

二、返观内视

（一）困惑内照

结合熟读精思，简要回答以下问题：

1. 为什么说青春是用来奋斗的？

2. 青春年华究竟该怎么度过？

3. 什么是新时代青年该有的样子？

（二）研讨检视

1. 为什么说青春是用来奋斗的？

（1）讨论

你是否也有过这样的想法：我的青春足够长，不疯狂就是白活？青春真的是用来奋斗的吗？奋斗有没有用？

（2）点评

常常听人说，青春不疯狂就是白活一场。可是青春也是有限的，浪费了、挥霍了，只会徒留遗憾。当你在放纵玩耍时，很多人已经悄无声息地超越你，他们多看了几页书，多学习了一些技能，多积累了一些经验。当你还在眺望远方时，他们都已经在你眼中的远方里努力了。如果当时再努力一点，如果当时没有挥霍青春，好好奋斗，如今可以选择的就更多了，可惜没有如果。雨果曾经说过："谁虚度了年华，青春就将褪色。"青春是用来奋斗的，挥霍青春、浪费时间都是不可取的，也只有我们在最美、最好的时光里踏实奋斗、努力学习，我们才能成就最好的自己，也只有这样，当我们回首来时路时，才不会为虚度年华而后悔。

2. 我们应该怎样度过宝贵的青春岁月？

（1）讨论

青春意味着什么？青春年华究竟该怎么度过？我们该如何珍惜青春？

（2）点评

青春意味着无问东西、勇往直前；青春意味着意气风发、朝气蓬勃；青春意味着丰富多彩、无限可能；青春意味着敢闯敢拼、敢想敢干。青年时代的我们精力最为充沛，创造力最为活跃，生命力最为旺盛，爆发力最为强大，因而广大青年一定要珍惜光阴，把握好每分每秒，多读书多学习，将有限的时间投入学习实践中去，用坚实的知识基础铺垫好成长的每一步。青年大学生要保持锐气、冲劲，不断提升自身能力，激发自身潜在的向上力、爆发力、创造力，去应对这个最具挑战，也是最好的时代。

3. 什么是新时代青年该有的样子？

（1）讨论

新时代中国青年应该是什么样子的？青年该如何奋斗？

（2）点评

新时代的中国青年理应用青春挥洒汗水，用青春书写篇章，用青春创造未来，用青春承载理想，用青春践行信仰，用青春奉献祖国。青春易逝，青年学子要勇于挑战，勇于试错，勇于奋斗，勇于学习，在最美好的年华向着心中最美的梦想一路攀爬，为祖国事业的蓬勃发展注入一份"新"力量。当今世界，信息快速更迭，分工日益精细，新知识、新技术、新理论、新模式层出不穷，青年要实现人生价值，就必须要汲取丰富知识，掌握过硬本事，获得扎实能力，青年大学生要好好利用在校时光，勤勉刻苦，扎实肯干，全面提升自身能力，不拘泥于四方教室读有字之书，更要去广阔天地读无字之书。

（三）体会返观

根据困惑内照和研讨检视，通过参与教学活动，分享自己的习得体会。

三、口诵心惟

（一）诵阅名言

盛年不重来，一日难再晨，及时当勉励，岁月不待人。

——［东晋］陶渊明

少年辛苦终身事，莫向光阴惰寸功。

——［唐］杜荀鹤

青春如初春，如朝日，如百卉之萌动，如利刃之新发于硎，人生最宝贵之时期也。青年之于社会，犹新鲜活泼细胞之在身。

——陈独秀

青年所多的是生力，遇见深林，可以辟成平地的，遇见旷野，可以栽种树木的，遇见沙漠，可以开掘井泉的。

——鲁迅

以青春之我，创造青春之家庭，青春之国家，青春之民族，青春之人类，青春之地球，青春之宇宙，资以乐其无涯之生。

——李大钊

中国的青年运动有很好的革命传统，这个传统就是"永久奋斗"。

——毛泽东

青春啊，永远是美好的，可是真正的青春，只属于这些永远力争上游的人，永远忘我劳动的人，永远谦虚的人！

——雷锋

青春的光辉，理想的钥匙，生命的意义，乃至人类的生存、发展……全包含在这两个字之中……奋斗！只有奋斗，才能治愈过去的创伤；只有奋斗，才是我们民族的希望和光明所在。

——［德］马克思

青年是一个美好的而又是一去不可再得的时期，是将来一切光明和幸福的开端。

——［苏联］加里宁

（二）哲理探讨

结合以上名言，探讨其中蕴含的哲理。

（三）分组演讲

结合诵阅名言及哲理探讨，参考以下角度开展分组演讲。

1. 对青春的总体认识

（1）青春意味着什么？

（2）青年者，人生之王，人生之春。

（3）我的青春规划。

（4）谁虚度了年华，青春就将褪色。

2. 青春与奋斗的关系

（1）奋斗是青春最亮丽的底色。

（2）幸福都是奋斗出来的。

（3）青春属于永远力争上游的人。

（4）无奋斗，不青春。

3. 对新时代青年如何奋斗认识

（1）时代新人就是新时代的奋斗者。

（2）奋斗不只是响亮的口号。

（3）强者总是从挫折中不断奋起。

（4）没有艰辛就不是真正的奋斗。

4. 对青春与梦想的认识

（1）国家的希望在青年。

（2）以青春之我成就青春中国。

（3）把激昂的青春梦融入伟大的中国梦。

（4）奋斗是民族的希望和光明所在。

四、品评卓逸

（一）总结点评

1. 哲理探讨的点评

历史和现实都告诉我们，青年一代有勇气、有理想、有魄力，国家就有前途，民族就有希望，青年大学生要珍惜光阴，保持锐气、扎实工作、奋发有为，以青春梦想、用实际行动为实现中国梦做出新的更大贡献。

在上述名言中，马克思满怀热情地讴歌了奋斗对于青春、理想、生命、民族乃至全人类的意义。"青春如初春，如朝日，如百卉之萌动，如利刃之新发于硎""青年所多的是生力"表明青春是人生中最宝贵的阶段，充满活力、充满后劲、充满希望。其中，陈独秀点明了青春与个人、家庭、民族、人类、地球、宇宙之间的关联；鲁迅则剖析了青年的多样性，鼓励青年多奋斗，多激发内在可能性。李大钊告诫青年要矢志创造，从而"资以乐其无涯之生"。毛泽东希望青年保持"永久奋斗"的优良传统，只有如此，祖国才会有希望，国家才会有力量。陶渊明劝告青年，青春短暂及时奋斗；雷锋用质朴的话语阐明了青春虽然美好，但真正美好的是青春时期奋斗劳动的人们。

我们要自觉从这些名言警句中汲取营养，树立青春是用来奋斗的正确观点，广大青年一定要珍惜光阴，把握好每分每秒，多读书多学习，将有限的时间投入学习实践中去，将有限的青春奉献给祖国与人民，用青春和汗水造就自己的无悔人生。

2. 分组演讲的点评

本课演讲共从四个角度列出了 16 个具体题目。这四个角度从宏观到微观、从感性到理性、从述内到析外，具有一定的内在逻辑。深刻理解其中逻辑、准确把握各题含义是建构好演讲线索和内容的基础。

在具体演讲中，引用经典哲理、引述成功案例能使演讲内容更加生动、论据更加确凿。结合自己的亲身经历谈体会有利于贴近实际、增强感染力。当然，细致的论据准备、充分的个人自信以及必要的演讲技巧训练亦能辅助提升演讲的整体效果和水平。

（二）习得品味

青春是什么？怎样拥有无悔青春？这是每个踏入大学门槛的新生必须面对和回答的问题。而通过本次课的内省，当我们试图重新去回答这些问题的时候，以下几点是值得再次细细品味的。

首先，关于青春是什么。讨论青春是什么，是我们拥有无悔青春的前提。有学者说青春，就是在年轻的时候，把握了大好时光，做出了正确选择，创造了最好或次好的可能。还有人认为青春承载了个人奋斗足迹、努力过程、辛勤劳动、汗水心血，它往往能够长留心间、难以抹去。其实关于青春，我们可以从青春的定义、青春规划、青春与青年等多个角度进行探讨，对于这一问题的探讨一直都有争论，但是当我们站在学生的立场去思考、品味时，就不难发现人生之路虽然漫长，但是青春起始之步尤为关键，一步错步步错，尤其是青年大学生尚处于塑型期，更要抓好紧要的几步，奠好基调。对于青年人而言，成熟、成人、成型、成才、成功起步于青春，大学生务必要抓住青春的大好时光，走好人生的关键之步。在青春年少时，就要树立远大的志向、奋斗的理念、成才的抱负，依靠自身成就美好人生。

其次，关于怎样拥有无悔的青春。当我们对青春有一个清晰的定义时，就会思考怎么样才能拥有无悔的青春，不至于给人生留下遗憾。要真正回答这个问题，必须要从青春与奋斗的角度去反思。对于青年人来说，将来想拥有无悔的青春，就必须把握青春，奋斗不息。毛泽东在延安时，提出了"什么是模范青年"的设问，答案就是必须"永久奋斗"。青年奋斗所积累的一切，都是人生的宝贵财富和珍贵回忆。没有挥洒汗水的青春定然是索然无味、枯燥苍白的，没有勤恳奋斗的青春定然是百无聊赖、无所事事的，没有埋头苦学的青春定然是不思进取、蹉跎岁月的。反之，努力拼搏的青春即使没有收获，也会虽败犹荣，俯仰无愧，青春时期只有不停努力、不断奋斗、不住学习，才会无愧青春、无悔自己、无憾此生、无畏年华。

通过本次内省，我们需要谨记：新时代的中国青年理应在最美、最好的时光里踏实奋斗、努力学习，从而用青春挥洒汗水，用青春书写篇章，用青春创造未来，用青春承载理想，用青春践行信仰，用青春奉献祖国！

（三）反思提升

围绕本次内省主题，在课后及以后日常生活中经常积极反思以下问题：

1. 我珍惜青春了吗？

2. 我树立了正确的奋斗目标了吗？

3. 我做到砥砺奋斗了吗？

4. 我把激昂的青春梦融入伟大的中国梦了吗？

功崇惟志，业广惟勤

——如何理解"追求卓越，走向成功"？

韩愈在《进学解》中说，"业精于勤，荒于嬉；行成于思，毁于随"，这句话虽然是在阐述学业和勤奋的关系，告诉我们学业的精进在于勤奋积累，贪图玩乐会荒废学业。但其实不论是学业还是事业都需要勤奋努力、精益求精。"一千个读者眼里有一千个哈姆雷特"，成功亦是如此。成功的本质是个体被需要、被认可之后有价值的人生目标的实现，是我们在追求卓越之后收获的果实。

当同学们观看各位成功人士的访谈、阅读成功人士的个人传记时，都会感叹他们今天所取得的成就或者财富，然而任何成功都不是一蹴而就的，你是否真的看清了他们是如何走向成功的？卓越是什么？我们应该怎样去追求卓越，走向成功？本专题试图与大家一起探讨上述问题。

一、熟读精思

（一）内省主题

卓越是什么？我们应该怎样去追求卓越？

（二）线上熟读

书目：《成功心理学》《精进：如何成为一个很厉害的人》《追求卓越的个性》。

（三）精思感悟

阅读以下两则材料，结合线上熟读，个人独立思考，完成思考题。

材料一

用一粒种子改变世界的人

1960年7月，袁隆平在农校试验田中意外发现一株特殊性状的水稻。1964年他开始研究杂交水稻，于1974年育成第一个杂交水稻强优组合"南优2号"。1995年，两系法杂交水稻取得了成功。1997年，袁隆平开始了"中国超级杂交水稻"的研究，2000年已实现了第一期大面积示范亩产700千克的指标。2013年，袁隆平院士科研团队攻关的国家第四期超级稻百亩示范片"Y两优900"中稻平均亩产达988.1千克，创世界纪录。2018年，三亚水稻国家公园的有机覆膜直播试验示范田测得亩产1065.3千克。2020年6月，袁隆平团队在青海柴达木盆地试种的高寒耐盐碱水稻，在盐碱地里长出了水稻。

在湖南农大 2019 级本科新生开学典礼上的讲话时，袁隆平说，他一直有两个梦想，一个是追求水稻的高产梦，一个是杂交水稻覆盖全球梦。"我始终都还在努力使梦想成真，也寄希望与你们共勉来实现这两个梦想。"谈及成功的"秘诀"，他用了"知识、汗水、灵感、机遇"八个字概括。知识就是力量，是创新的基础；汗水是要能吃苦，任何一个科研成果都来自深入细致的实干和苦干；灵感就是思想火花，是知识、经验、思索和追求综合在一起升华的产物；机遇就是要做一名"有心人"，要学会透过偶然性的表面现象，找出隐藏在其背后的必然性。坚持做到这几点，才能突破障碍，实现梦想。

——参见《袁隆平的"禾下乘凉梦"》，新华社新媒体，2020 年 12 月 10 日。

材料二

201 万薪资的"天才少年"——张霁

张霁 1993 年出生于湖北咸宁通山，本科就读于武昌理工学院电信专业。张霁入校后，就为自己制订了四年学习计划，并按计划有条不紊地学习，他的成绩一直名列前茅，本科期间获得全国 ITAT 职业技能大赛职业技能资格认证证书。

在四年的精心准备下，张霁首先考上武汉邮电科学研究院的研究生，在研究生学习期间，张霁仍按照计划努力学习，毕业后，受到华中科技大学的青睐，在 2016 年如愿进入华中科技大学计算机系统结构专业就读博士研究生，并且在华中科技大学武汉光电国家实验室深造。

张霁在光电实验室搞研究时，被导师派到腾讯公司进行实习，在此期间，他注重将自己的研究和企业的实际需要结合在一起，两次获得腾讯杰出贡献奖，一次获得腾讯杰出运营奖。此后，他在美国纽约大学库朗数学研究所做访问研究期间，以第一作者的身份在各期刊上发表多篇论文。

"天才少年"张霁的成长、成才到成功的过程说明，每个人的成功都不是一蹴而就的，只有树立目标、主动规划自己，经过长久的积累后，才有机会去敲成功的大门。成功没有捷径，一路上需要我们耐得住寂寞，沉下心来才能精益求精。

——参见《"天才少年"刚毕业就拿年薪 201 万元出自华中科大》，载《人民日报》，2020 年 8 月 4 日。

思考题：

1. 对于你自身而言，追求卓越具体如何体现？

2. 你认为追求卓越有哪几个层次？

二、返观内视

（一）困惑内照

结合熟读精思，简要回答以下问题：

1. 什么是追求卓越？

2. 如何追求卓越？

（二）研讨检视

1. 什么是追求卓越？

（1）讨论

卓越是什么？追求卓越是一种怎样的品质？追求卓越和成功有什么关系？

（2）点评

什么是卓越？许慎在《说文解字》中说：卓，高也；越，度也。《现代汉语词典》将卓越解释为：杰出的；超出一般的。所以我们追求卓越，其实也就是一个让自身变得更优秀，自我超越，最终不断提升自我的过程。卓越是一种状态，是成功的前提，是让自己习惯在做人、做事两方面都不断完善、精益求精的境界。

2016 年 9 月，中国学生发展核心素养研究成果明确指出，中国学生发展核心素养以培养"全面发展的人"为核心，分为文化基础、自主发展、社会参与三个方面，这三个方面的核心素养正是同学们追求卓越应该具备的品质。在夯实文化基础层面，我们应该从文化积淀、人文情怀和审美情趣三方面来提升自身的人文底蕴；从培养理性思维能力、批判质疑态度及勇于探究问题三方面来树立科学的精神。在寻求自主发展层面，我们应该主动学习并且学会学习，做到乐学、善学和勤于反思，并能正确合理运用各类网络资源，学会健康的生活方式。在珍爱生命的基础上不断健全人格，并积极有效进行自我管理。在加强社会参与层面，我们应该从树立社会责任意识、培养国家认同感、增进国际理解三方面培养责任担当；从增强劳动意识、提高解决问题的能力、合理运用技术手段三方面加强创新实践。

毛主席曾说，世界上怕就怕"认真"二字。一旦认真地追求卓越了，就无往而不胜。所以当我们清楚了什么是卓越，其实也就厘清了卓越和成功的关系；当我们清楚了什么是追求卓越，也就明白了追求卓越是走向成功的必要条件，只有我们做人做事都追求卓越，才能最终获得成功。

2. 怎么做才能追求卓越？

（1）讨论

在我们人生中，追求卓越应有哪些表现？我们应该怎么做？

（2）点评

我们怎样做才能追求卓越呢？第一，追求卓越要立志高远。孔子说，"三军可夺帅也，匹夫不可夺志也"。这是在告诉我们立志的重要性，如果没有明确的目标，那么在追求卓越的过程中就不可能有严于律己和持之以恒的动力，则追求卓越将是一纸空文。第二，追求卓越要严格自律。追求卓越其实就是个自我完善的过程，其实质是一个自省和自律不断重复的进程。《论语》里说：以约失之者鲜矣。能做到严格自律的人哪会常犯错，不犯错又怎会不成功？严格的自律可以分为三个层次，即慎言、慎行和慎独。《资治通鉴·秦纪一》中有载：人皆作之。作之不止，乃成君子；作之不变，习与体成，则自然也。我们需要做的正是将慎言、慎行和慎独变成一种习惯，再将这种自律的习惯变成自然。第三，追求卓越要精益求精、持之以恒。同学们做任何事都要做到慎终如始的认真、细致，我们一定要把每件事都尽可能做到极致，达到他人无法企及的程度。试想，我们能达到别人没有达到的高度，这难道不是一种成功吗？当这种卓越的成绩经过日积月累，我们会不成功吗？

（三）体会返观

根据困惑内照和研讨检视，通过参与教学活动，分享自己的习得体会。

三、口诵心惟

（一）诵阅名言

慎终如始，则无败事。

——《道德经》

君子食无求饱，居无求安，敏于事而慎于言。

——《论语·学而》

声无小而不闻，行无隐而不形。

——《荀子·劝学》

业精于勤，荒于嬉；行成于思，毁于随。

——［唐］韩愈

不畏浮云遮望眼，自缘身在最高层。

——［北宋］王安石

言治骨角者，既切之而复磋之；治玉石者，既琢之而复磨之，治之已精，而益求其精也。

——［南宋］朱熹

独之外别无本体，慎独之外别无功夫。

——［明］刘宗周

人的本质就在于他的意志有所追求，一个追求满足了又重新追求，如此永远不息。

——［德］叔本华

（二）哲理探讨

结合以上名言，探讨其中蕴含的哲理。

（三）分组演讲

结合诵阅名言及哲理探讨，参考以下角度开展分组演讲。

1. 对卓越和成功的理解

（1）我追求的卓越。

（2）成功的人生。

（3）卓越是成功的基石。

（4）人的本质就在于他的意志有所追求。

2. 追求卓越的方法

（1）治之已精，而益求其精也。

（2）敏于事而慎于言。

（3）声无小而不闻，行无隐而不形。

（4）处幽如显，视独如众。

3. 追求卓越的意义与要求

（1）卓越始于平凡。

（2）追求卓越的精神。

（3）立足当下，追求卓越。

（4）追求卓越的意义。

4. 对卓越与成功关系的认识

（1）卓越与成功。

（2）慎终如始，则无败事。

（3）心心专一艺，事事在一工。

（4）追求卓越，走向成功。

四、品评卓逸

（一）总结点评

1. 哲理探讨的点评

武昌理工学院的校园文化和精神就是学校的校训"追求卓越，走向成功"，其中"追求卓越"是学校的核心文化，是学校全息育人的落脚点。诚然，我们每个个体都可以让自己的理想更高远一些，在实现理想的过程中不断完善自我，让自己成为更好的人。

这种不断自我完善的过程就是追求卓越的过程，正如《孟子·离娄上》中说的"行有不得，反求诸己"，而"反求诸己"无疑体现在两个主要方面，即做人和做事。做人的自我完善也就是在成长中逐步修身，就是在现实生活中时刻不忘提醒自己慎言、慎行和慎独，具体就是在诵阅名言中提到的："君子食无求饱，居无求安，敏于事而慎于言""声无小而不闻，行无隐而不形""独之外别无本体，慎独之外别无功夫"。在做事的层面则体现在"慎终如始，则无败事"和"言治骨角者，既切之而复磋之；治玉石者，既琢之而复磨之，治之已精，而益求其精也"。希望同学们能认真体悟其中的精髓，在追求卓越，走向成功的路途上时刻谨记个体的自我完善。

2. 分组演讲的点评

本课演讲共从四个角度列出了 16 个具体题目。这四个角度从对卓越和成功内涵的梳理，到追求卓越的具体方法、要求及对人生的意义，再到卓越与成功关系的理解，有着一定的内在逻辑。仔细体会其中的逻辑关系及内涵，我们方能抓住要旨，架构好演讲的主线。

在演讲稿的撰写中，加强哲理、典故及名人案例的引用，让演讲有理有据，论点清晰、论据充分。与此同时，希望大家能充分结合自身成长经历和生活感悟来增强演讲的感染力，以求更全面地展现个人思想和能力。

（二）习得品味

大家都知道我们的校训是"追求卓越，走向成功"，但同学们是不是都认真地思考过什么是卓越？什么是成功？卓越和成功之间有着怎样的关系？我们又该如何做到卓越，最后实现成功呢？而通过本次课的内省，当我们认真的思考并回答这些问题的时候，以下几点是值得细细品味的。

首先，卓越是什么？这个问题的核心在于讨论对于卓越的理解，它是思考怎样追求卓越的前提，也是走向成功的基础。在各类优秀人物事迹、各位成功人物的传记里，我们都能透过他们成功的光环找到他们追求卓越的踪迹，他们身上所体现出的卓越都有着许多共同的特点，比如：他们确立了什么样的志向？如何确立了这些志向？他们都有着怎样的行事态度和风格？在他们身上能看到什么样的品质？这些共同点汇聚在一起也就是追求卓越的实质，它关系着做人做事的方方面面。追求卓越是一种态度，也是一种习惯，更是一种境界。

其次，怎样追求卓越？这个问题可以从追求卓越的三个方面来探讨，即志存高远、严于律己和慎终如始。这意味着我们必须弄清楚：我们的理想是什么？人生目标是什么？自身存在哪些问题？我应该在哪些方面严格自律？应该如何自律？在本章节和大家探讨"追求卓越，走向成功"的目的就是希望大家能够反复思考这些问题。苏轼在《晁错论》里说"古之立大事者，不惟有超世之才，亦必有坚忍不拔之志"，所以卓越这种品质不可能归因于某个单一的条件，也不可能在短时间内形成。追求卓越需要的是日积月累的多方努力，需要的是坚忍不拔和精益求精，而这两种品质都是以目标明确后的严格自律为基础的。

由此，通过本次内省，我们需要谨记：成功是我们对自己实现人生自我价值的肯定，或是他人对自己实现社会价值的肯定，而这种肯定背后更需要关注的是我们追求卓越的过程。因此，我们在大学时期就应该知道什么是追求卓越，并努力践行，将这种状态变成自己的内在气质，终有一天将"会当凌绝顶，一览众山小"。

（三）反思提升

围绕本次内省主题，在课后及以后日常生活中经常积极反思以下问题：

1. 我真正理解追求卓越、走向成功的含义了吗？

2. 我做到志崇业勤了吗？

3. 我在学习和生活中做到追求卓越、走向成功了吗？

4. 我对学业等的追求是否处于一个较高的层次？

修身篇

品德是为人之本

——如何理解修身立德的重要性？

　　"芝兰生于深林，不以无人而不芳；君子修道立德，不以穷困而改节。"这句出自《孔子家语》的词句，饱含深意、意味深长地告诫世人：无论身处何境，都应严于律己、修身立德、保持节操。

　　如今同学们已纷纷成年，面对人生的新阶段，必然会开始思索什么才是为人之本、修身立德有何重要意义等这些为人处世最为根本的问题。因为你正深处这一人生新阶段所带来的各种困扰和无限憧憬中，找到为人处世的根本所在才能拨云见日抓住人生的真谛。那品德究竟会对你自身成长有何影响？对你走好人生路立足于社会有何重要作用？本专题试图与大家一起探讨上述问题。

一、熟读精思

（一）内省主题

什么是修身立德？为什么品德是为人之本？

（二）线上熟读

书目：《曾国藩家书》《孔子的智慧》。

（三）精思感悟

阅读以下两则材料，结合线上熟读，个人独立思考，完成思考题。

材料一

淡泊名利，无私奉献——张富清

　　1948年3月，张富清在陕西宜川县瓦子街参加革命，开启了自己的英雄之旅，在壶梯山战役、永丰战役中立下赫赫战功。

　　1955年1月，他退役转业，告别军营，扎根湖北西部边陲条件艰苦的来凤县，锁住荣誉，尘封战功，为当地发展和群众过上好日子不懈奋斗。在工作岗位上他脚踏实地，竭尽所能，担当奉献，想群众之所想，急群众之所急。心中无我，付此一生。

　　1985年1月，他站完最后一班岗，离休。离休后他保持艰苦朴素的作风，住老房子、穿老衣服、用老家具、过老生活，从不找组织特殊照顾，不给组织添麻烦。虽然离休了，但他未有一丝懈怠，时时处处严格要求自己，始终坚持学习，三十多年如一日，95 岁高龄的他，至今仍坚持每天读书看报、看新闻联播节目。

60 多年里，张富清将赫赫战功深埋心底，从不提起，直到 2018 年年底来凤县进行退役军人信息采集工作时，他才拿出尘封的勋章、报功书、立功证等，战斗英雄的事迹被披露后，诸多光环加身，他依然还是老样子，一切都没有变，还是那个不改初心、淡泊名利、平凡又伟大的共产党员。

——节选自《"共和国勋章"获得者张富清——紧跟党走，做党的好战士》，载《人民日报》，2019 年 9 月 24 日。

材料二

一生只做一件事，做好人教好书——陈立群

陈立群原是浙江名牌高中校长，退休后，婉拒多家企业百万年薪的聘请，拖着病体，独身来偏远的贵州大山里义务支教。"给我百万，还不如看到一个贫困学生考上大学令我开心。"

在素有"天下苗族第一县"之称的国家扶贫开发工作重点县，台江民中是唯一的高中，2016 年 8 月，陈立群受邀担任台江民中校长时，全校每年辍学学生100 多个，贫困家庭、留守儿童、问题学生占全校人数近一半。

殚精竭虑、呕心沥血的陈立群终将学校带上"逆袭"之路：2018 年，全校901 名学生参加高考，450 人考取本科，高考增量从全省垫底冲到全省第一。11年来，台江高考没有一个上 600 分的，这一次"破纪录"达到 8 人。招生分数线提高近 200 分，甚至吸引了周边县的尖子生入读。

陈立群跑遍台江，家访了 100 多个贫困学生，辍学现象基本消失。他四处做讲座，支教分文不取，反而资助学生、奖励老师 30 多万元。他原本计划支教一年，把学校管理理顺了就走，但每当看到山里孩子期待的眼神，他就心软了。他说："我从不后悔自己的选择，被人需要，是一件幸福的事。"

——节选自《大山里奏响"放牛班的春天"——记浙江对口帮扶贵州台江民中校长陈立群》，中国共产党新闻网，2019 年 9 月 9 日。

思考题：

1. 何为修身立德？如何在日常生活中修身立德？

2. "淡泊名利、无私奉献""被人需要是一件幸福的事"反映了怎样的道德境界？

二、返观内视

（一）困惑内照

结合熟读精思，简要回答以下问题：

1. 如何看待"成绩代表一切，品德无关紧要"？

2. 品德对于大学生成长、成才有何影响？

（二）研讨检视

1. "成绩代表一切，品德无关紧要"错在哪里？

（1）讨论

你曾听到过类似的言论吗？成绩真的可以代表一切吗？成绩一般但品德良好的人就注定平庸吗？成绩优异的人，其不端品行是可以忽略不计的吗？品德是可有可无的吗？它对人没有任何影响吗？

（2）点评

中学时期，很多同学听到过类似的说法，认为只有学习成绩好才能有美好的未来，而品德可以忽略不计，只要不违法，所有同学的品德评分都是优。上大学后，才发现这完全是一种误导。因为大学有更为宽广的学习平台，为同学们设置了多种多样的专业课程与校园活动，让大学生活在专业学习之外有了更多的选择。各校不仅对学生的专业学习有各种考核制度，同时也设置专门的品德培养课程引导学生修身立德，还积极组织各种校园文化活动让学生在实践中提高自身道德修养。可见，大学要培养的是德智体美劳综合素质全面发展的人才，其中"德"排在首位，绝不可以忽略不计。大学只有短短几年，但人生的路还很长，我们要在年轻的时候就扣好人生的扣子，树立正确的道德观，以免将来误入歧途。

2. 品德对于大学生成长成才有何影响？

（1）讨论

什么是品德？品德对自身成长、成才有什么影响？

（2）点评

随着经济社会的快速发展，物质上的享受对大学生有着极大的诱惑力，多元化的价值取向也造成大学生价值判断力和选择力的缺乏。面对如此纷繁复杂的社会环境，大学生要想立足于社会就必须树立正确的价值取向和思想意识。品德是人内心最为稳固和恒久的力量，它是行为规范、价值观念在个体身上内化的产物。所以当步入社会的时候，它不会因为外界的混乱随意发生改变，还会指引你在纷乱中坚守本心，在迷茫人生中找到方向，在生活磨难中不断奋进。有才无德，其行不远。青年大学生要想走得更远，应当一开始就明确品德的重要性，以修身立德为本，学业为重，经过几年的努力，将自己培养成德才兼备的有为青年。

3. 大学生应当如何修身立德？

（1）讨论

如何认知修身立德？如何培养高尚品德？如何践行良好品德？

（2）点评

良好品德的形成需要认识、培养和践行三者紧密联系在一起。品德的重要性不能仅仅停留在知晓的程度，而应该具体落实到现实的学习和生活中，这也是新时代对青年大学生自身素质的必然要求。修身立德，即通过自我的日常反省，使自己内在思想与外在行为达到完美合一并不断向善的境界。它包含了为人处世的智慧，更包含面对人生曲折的平和心态，它是对自我精神世界的重新塑造。品德的培养，绝非一日之功，大学生要坚持从日常生活中的小事做起，从现在做起，从自己做起，努力把修身立德的要求变成日常的行为准则。品德的践行，要注重知行合一。不要空喊口号，而是要体现在一言一行中，要立足于现实。只有在社会实践活动中，在品德的引领下，大学生才能形成高尚的道德品行，从而成就出彩的人生。

（三）体会返观

根据困惑内照和研讨检视，通过参与教学活动，分享自己的习得体会。

三、口诵心惟

（一）诵阅名言

自天子以至于庶人，壹是皆以修身为本。

——《礼记·大学》

君子怀德，小人怀土；君子怀刑，小人怀惠。

——《论语·里仁》

夫令名，德之舆也。德，国家之基也。

——《左传·襄公二十四年》

君子之守，修其身而天下平。

——《孟子·尽心》

取士之道，当以德行为先。

——［北宋］司马光

惟宽可以容人，惟厚可以载物。

——［明］薛瑄

若无德，则虽体魄智力发达，适足助其为恶。

——蔡元培

从来没有哪一个真正的伟人不是真正有德行的人。

——［美］富兰克林

他必须对美和道德上的善有鲜明的辨别力，否则他连同他的专业知识，就更像一只受过很好训练的狗，而不像一个和谐发展的人。

——［美］爱因斯坦

（二）哲理探讨

结合以上名言，探讨其中蕴含的哲理。

（三）分组演讲

结合诵阅名言及哲理探讨，参考以下角度开展分组演讲。

1. 对自我修身立德情况的认识

（1）我的道德观。

（2）我的道德素质目标。

（3）思想道德自我评价。

2. 对修身立德含义的认识

（1）修身立德，做人之本。

（2）静坐常思己过，闲谈莫论人非。

（3）静以修身，俭以养德。

3. 对修身立德重要性的认识

（1）正心以为本，修身以为基。

（2）德才兼备，以德为先。

（3）做人做事第一位的是崇德修身。

4. 对修身立德方法的认识

（1）明大德、守公德、严私德。

（2）自我的"反观内省"与"锤炼提升"。

（3）在实践中感悟哲理、磨砺品格。

四、品评卓逸

（一）总结点评

1. 哲理探讨的点评

中华民族是一个重视道德修养和道德教化的民族。在我们的传统文化中，有众多重视人的精神品格和涵养个人品行修养的名言警句。也正是这些品德的传承和发展凝聚成伟大的中国精神，推动着中华民族一路向前、发展壮大。在上述名言中，"皆以修为本"道出了品德的地位，"德，国家之基也"强调了道德的重要性，"取士之道，当以德为先"阐明了修身立德的内在要求。

蔡元培先生的话指出了德对于青年来说是为人之本，是做人做事更是现代社会用人的第一标准，人只有明德才能有所作为。伟大的科学家爱因斯坦的话则深刻阐释了大学生要成为和谐发展的人，除了要拥有专业知识，还必须具备对真善美和道德的判断力。

我们要自觉从这些名言警句中汲取营养，正确认识品德的重要性，自觉养成良好的道德品质，提升自身思想道德素质，从而成为和谐发展的人。

2. 分组演讲的点评

本课演讲共从四个角度列出了 12 个具体题目。这四个角度由浅入深、由表及里、从感性到理性层层递进，具有一定的内在逻辑。深刻理解其逻辑关系、准确把握各题含义是构思演讲结构和内容的前提。

在具体演讲中，引经据典或案例故事阐释和论述相应观点，更有说服力和确证性。也可结合自身实际和现实生活，将理论与现实紧密结合，既有助于对哲理的深入了解，更有助于将道德品质落实于实际生活，真正做到知行合一。此外，演讲技巧、内容准备程度及个人魅力也是很重要的方面。

（二）习得品味

什么是修身立德？为什么品德是为人之本？这是每个即将踏入社会的大学生必须面对和回答的问题，对这个问题的思考和回答不仅直接关系未来大学生个人的成长，甚至还关乎整个国家和社会的发展。通过本次课的内省，我们在思索这些问题的时候，以下几点是值得细细品味的。

首先，关于什么是修身立德。讨论何为修身立德，是思考修身立德重要性的前提。自懂事起，大家便被父母告知要讲礼貌，要诚实勇敢，要懂得分享、谦让，进入校园后又更加系统地学习了如何培养良好的品德，但由于应试教育对成绩和升学率的过度重视，品德教育被轻视，品德课程学习也仅仅是为了考试成绩，所以很多同学对于修身立德的概念理解仍停留在幼年时期。关于修身立德是什么，我们可以从道德的含义、品德的养成、个体的内化等多方面来探究。修身立德就是大学生个体按照社会所形成的道德准则和道德价值，用以妥善协调自我与他人、社会及自我身心之间的关系，并最终内化为个体精神特质的行为。所以，修身立德并不是简单地学习和知晓何为良好的品德，还要在日常生活中不断锤炼、反省和提升，最终又推动自己的成长成才以及国家社会的发展。

其次，关于为什么品德是为人之本。讨论为什么品德是为人之本，是走好自己人生路的重要前提。其实这个问题可谓是老生常谈，但现实中我们却很少能做到，这意味着我们必须弄懂以下问题：为什么品德不被重视？为什么明知重要却做不到？修身立德的重要性主要体现在哪些方面？大学生应该如何修身立德？因此，我们必须从自我人生发展的价值和意义去反思。司马迁说"人固有一死，或重于泰山，或轻于鸿毛"，我们无法增加生命的长度，却能追求生命的高度。而修身立德正是赋予了个体生命和人生更多的价值和意义，我们不只是寻求物质上的满足，更追求由品德所塑造的精神世界的富足。明确了人生的追求和意义，修身立德的重要性就不言而喻了。

由此，通过本次内省，我们需要谨记：品德乃为人之本，更是青年成长成才的根基所在，青年的道德素养也影响着未来整个社会的思想道德水平，因此大学生要在青年时期就有正确的道德认知和养成。勿以恶小而为之，勿以善小而不为，日积月累，沉淀高尚的道德品质，才能拥有有意义的人生。

（三）反思提升

围绕本次内省主题，在课后及以后日常生活中经常积极反思以下问题：

1. 我是一个品德高尚的人吗？
2. 我有自己的道德准则吗？
3. 我做到以修身为本了吗？
4. 我品德修养有所提升吗？

吾日三省吾身

——怎样从内省中提升道德修为？

"曾子曰：'吾日三省吾身：为人谋而不忠乎？与朋友交而不信乎？传不习乎？'"这句耳熟能详的话语出自《论语·学而》，言简意赅、意味深远地告诫世人：即使身处物欲横流的社会，也要保持本真、求诸自身、完善人格。

当同学们进入大学校园，随着年龄的增长和即将踏入社会，我们会逐渐意识到品德才是立足之本，它存在于每天的学习、与他人的相处、公共生活以及未来人生的规划中，它渗透于自身和外界的方方面面。那么大学日常生活中的内省指什么？我们又怎样从内省中提升道德修为呢？本专题试图与大家一起探讨上述问题。

一、熟读精思

（一）内省主题

内省是什么？怎样通过内省提升道德修为？

（二）线上熟读

书目：《论语》《道德经》《德育鉴》。

（三）精思感悟

阅读以下两则材料，结合线上熟读，个人独立思考，完成思考题。

材料一

孔子的修身之道

儒家思想注重个人修身养性，孔子以"君子"和"小人"区分道德境界，修身的过程是：格物、致知、诚意、正心。主要是通过"反省内求"的方法，使个人的行为与社会道德要求相符合。因此，孔子提倡个人自省、自律的修身之道，以达到道德的至高境界。

"克己复礼为仁"，即克制自己的行为就可以达到"仁"的标准。"为仁由己，而为人乎哉"，实行仁德，完全在于自己而不是别人。道德修为的提升，要靠自己的努力。"见贤思齐焉，见不贤而内自省也"，看到有德行的人就向他学习，看到没有德行的人就反省自己是否有一样的错误。"择其善者而从之，其不善者而改之"，除了反省促物之外，更为重要的是改过，及时地纠正不符合道德的行为。"内省不疚，夫何忧何惧？"，反省改过之后，又有何畏惧的呢？因为自己的言行举止已经符合了道德标准，个人的道德修养也得到了提升。

——参见《论语》，江西人民出版社，2016 年。

材料二

孔繁森：勿以恶小而为之

孔繁森酷爱读书，在他的案头常摆着一部西晋陈寿所著的《三国志》，其中有一句话被他用钢笔深深地画了一道线，那就是著名的"勿以恶小而为之"。这句话既是他的座右铭，也是他给家人留下的好家风。

孔繁森担任领导干部期间，经手的项目钱款数以百万计，但是他从未私自动过一分钱。他的侄子结婚想找他买凭票供应的自行车，亲戚找他买平价化肥，外甥复员回乡找他安排工作……他一件事都没答应过。

他有很多亲戚在农村，可是他没有利用权力给任何一个人办过任何违反规定的事情。就连爱人的工作，他也没有利用权力去关照。

孔繁森的爱人根据政策进城后，先安排在粮店，后来又进了印刷厂当工人，天天和污染极大的油墨、铅粉打交道。可是直到孔繁森去世，他的妻子也没有调动工作。

孔繁森用他的实际行动，践行了"勿以恶小而为之"的座右铭，更是为家中带去了这一值得传承的好家风。正如孔繁森所说的那样："我们共产党员应该廉洁自律，拒腐蚀，我们应该像冰山雪莲一样高洁、纯贞、壮美！"

——参见中央党史和文献研究院：《老一辈革命家和先进模范人物好家风故事集》，中央文献出版社，2018 年。

思考题：

1. 什么是内省？人应该如何内省？

2. 如何理解"青年修身当如玉"？

二、返观内视

（一）困惑内照

结合熟读精思，简要回答以下问题：

1. 如何看待"道德修为说起来重要，做起来次要，忙起来不要"？

2. 大学生为什么要注重内省？

3. 你觉得大学生应该怎样从内省中提升道德修为？

（二）研讨检视

1. "道德修为说起来重要，做起来次要，忙起来不要"错在哪里？

（1）讨论

你曾听到过类似的说法吗？你是如何看待道德修为的？为什么大多数人明知它的重要性却很难做到？怎样才能将修身立德落实于日常呢？

（2）点评

从小到大，我们都很明确道德修为的重要性，尤其是上了大学后，大家开始独立思考该如何直面自己的人生和社会时，会发现仅仅停留在之前对于道德重要性的认知是远远不够的，更需要将各种道德修为，如自律、勤勉、宽容、诚信、尊重等实实在在地应用于现实的学习、交往、生活和实践活动中，并在其中不断地锤炼和提升它们。因此，不管是在什么时间、什么地方以及什么情况下，道德修为能够知行合一都是至关重要的，因为它是关乎自身成长发展的根本所在。

2. 大学生为什么要注重内省？

（1）讨论

我们为什么要注重内省？什么是内省？内省有什么重要作用？

（2）点评

近年来，物质财富的急剧增加、不同价值观的分歧以及唯成绩论、唯成功论的大肆盛行，使得人们越来越关注于外在物质利益的获得和享受，却往往忽视了自己的内在和本心，迷茫、焦虑、压抑已成为影响现代年轻人发展的重要心理问题。而大学生作为现代年轻人的一部分，也面临同样的问题。因此，大学生要想拥有美好的人生，就必须重视自身的内在精神世界，通过修身立德树立正确的价值观，保持身心的和谐，在内心省察自己的思想、言行是否符合外在社会的道德准则和价值标准，认识自己，改正自己，并通过多次的反省和实践活动磨砺道德品质。外在的世界千变万化，但每个人的内在世界是可以由自己掌控的，而高尚的内在道德修为必将让人生绽放光彩。

3. 我们应该怎样从内省中提升道德修为？

（1）讨论

如何认识内省和道德修为的关系？如何通过自省提升道德修为？

（2）点评

内省，其实就是对自己主观精神世界的一种改造，通过观察、反思和改正自己的思想和行为，更好地处理人生中遇到的各种问题。而道德修为就是精神世界的重要组成部分，道德作用的发挥也要依赖于人的内心信念。因此提升道德修为，除了外在环境和教育的影响之外，最为重要的方式就是自身内省。

那么如何内省呢？首先要清晰认识道德修为对自我发展的重要性。其次，要明确何为良好的道德品行，何为修身，大学生应该立什么德，做什么人。最后，要保持常思己过、严于律己、持之以恒的状态，不能三分钟热度，更不能半途而废。培养道德品质非一日之功，而是久久为功。只有将内省作为日常生活习惯，每天多次反省自己，才能收获更为优秀的品质，达到更为崇高的精神境界，进而指导我们在实际生活中走向更好的人生。

（三）体会返观

根据困惑内照和研讨检视，通过参与教学活动，分享自己的习得体会。

三、口诵心惟

(一) 诵阅名言

君子检身，常若有过。

——《亢仓子·训道篇》

见贤思齐焉，见不贤而内自省也。

——《论语·里仁》

莫见乎隐，莫显乎微，故君子慎其独也。

——《礼记·中庸》

修身洁行，言必由绳墨。

——[北宋] 王安石

日省其身，有则改之，无则加勉。

——[南宋] 朱熹

闻人之谤当自修，闻人之誉当自惧。

——[明] 胡居仁

静坐常思己过，闲谈莫论人非。

——[清] 金缨

人不能没有批评和自我批评，那样一个人就不能进步。

——毛泽东

凡是有修养的人总是把精力花在内省上。

——[挪威] 易卜生

啊，有修养的人多快乐！甚至别人觉得是牺牲和痛苦的事他也会感到满意、快乐；他的心随时都在欢跃，他有说不尽的欢乐。

——[俄] 车尔尼雪夫斯基

反省是一面莹澈的镜子，它可以照见心灵上的玷污。

——[苏联] 高尔基

(二) 哲理探讨

结合以上名言，探讨其中蕴含的哲理。

(三) 分组演讲

结合诵阅名言及哲理探讨，参考以下角度开展分组演讲。

1. 对内省的总体认识

(1) 认识你自己。

(2) 反省是一面镜子。

(3) 吾日三省吾身。

2. 对内省与人生的认识

(1) 人为什么需要内省？

（2）未经省察的人生无意义。

（3）不忘初心，方得始终。

3. 对内省与修德关系的认识

（1）君子以反身修德。

（2）君子博学而日参省乎己，则知明而行无过矣。

（3）躬身自省才能修德进业。

4. 对提升道德修为方法的认识

（1）君子求诸己，小人求诸人。

（2）见善则迁，有过则改。

（3）投身道德实践、引领社会风尚。

四、品评卓逸

（一）总结点评

1. 哲理探讨的点评

中华民族自古以来就重视修身养性、克己复礼。古代圣贤们为世人留下了诸多自省修身的格言警句，这些来自他们对于精神境界的不断追求，更来自他们对修身养性具体做法的不断探究。在上述名言中，"见贤思齐焉，见不贤而内自省也"指出了通过观察别人来反省自己的方法，"君子检身，常若有过"和"日省其身"则是要求自己时常反省自己，而"修身洁行，言必由绳墨"则是直接告知我们反省的具体方法，要成为君子就必须慎独以及从自身寻找问题。唯物主义哲学家车尔尼雪夫斯基的这句话则告诉我们，一个有修养的人，他的人生是多么快乐。因为修身养性会让他的内心宁静祥和，不管遇到什么困难和痛苦，都不会改变他的内在。

这些名言警句可以为我们提供丰富的营养，我们要从中汲取能量，正确认识自己，学会从内在反省自己，提升道德修为和精神境界，从而成就更好的自己，拥有更美好的人生。

2. 分组演讲的点评

本课演讲从四个角度罗列了 12 个具体题目。这四个角度从内省是什么、为什么要内省、怎样内省展开，逻辑清晰，结构严谨。了解其逻辑结构、把握问题所指是做好演讲内容设置和剖析的前提。

在演讲过程中，可引用古今中外的名言警句或德行案例，为演讲内容的论点提供更为充分和鲜活的论据，也可结合自身的生活经历谈谈自己对于道德修为的体会和感悟。除此之外，演讲的内容结构、准备程度以及演讲者个人的表现能力都对演讲的整体效果有一定影响。

（二）习得品味

什么是内省？怎样内省以提升道德修为？这是我们每个人每天都需要面对和

思考的问题，对这些问题的回答不仅直接关系到个人大学阶段的成长成才，还关系到人的一生。通过本次课的内省，我们对于这些问题有了深入的思考和认识，有以下几点值得细细品味。

首先，关于什么是内省。讨论什么是内省，是我们思考如何内省以提升道德修为的前提。上大学以前，我们的道德养成和品格修炼多是依靠父母的教导、学校的教育和社会环境的影响，是一种被动接受和认知道德的方式。随着年龄增长，我们对于道德教育往往会伴随有抵触和反叛情绪。但进入大学后，同学们逐渐成年并远离父母独自生活，也将踏入社会，这些外在环境的变化让大家开始逐渐意识到自己是一个独立的主体，需要更为主动地认识自己、规划人生以及培养品德才能。对于内省是什么，我们可以从人的自我认知、对品德的主观认知和学习、知行合一的检视和磨炼等多个角度来理解。概括起来，内省就是人通过观察自己的内在精神世界，省察自己的思想、言行是否符合道德规范，从而形成正确的思想道德意识用以指导现实生活中的行为。所以，学会内省，意味着可以主宰自己的思想和行为，很好地把握自己的人生。

其次，关于怎样通过内省提升道德修为。讨论怎样提升道德修为，是做人做事更是走好人生路的前提。关于这个问题，我们可以从为什么要内省、内省与道德修为的关系、内省的具体方法三个方面来探讨。所以，我们就必须弄清楚以下问题：内省对自我有何影响？对人生有何重要作用？内省是在省察什么？它与道德修为有何关系？内省的具体方法有哪些？要回答这些问题，既要深入自我的内心世界，又要结合自我的长远发展来反思。孔子认为，修身立德的方法中最为重要的就是克己内省，"躬自厚而薄责于人"，内省就是更关注自己的思想行为是否合乎规范，调整自己与社会和他人和谐相处，而不是以自我为中心，要求他人甚至是社会规则为自己发生改变，自私自利却又浑然不知。因此首先应形成正确的道德认知，然后按照道德规范和准则约束自己，自觉养成良好的道德习惯，并在生活实践中积极地践行道德要求，这才是完整的内省提升过程。

由此，通过本次内省，我们需要谨记：吾日三省吾身，人生才有所作为。古往今来，凡大有作为者，都是在少年时代都能够严格要求自己的。大学阶段正是青年道德修为磨砺和提升的关键时期，唯有博学之、审问之、慎思之、明辨之、笃行之，勤学明智，修身立德，人生才能大有作为。

（三）反思提升

围绕本次内省主题，在课后及以后日常生活中经常积极反思以下问题：

1. 我掌握内省的方法了吗？
2. 吾日三省吾身了吗？
3. 我做到见善则迁有过则改了吗？
4. 我的道德修为提升了吗？

人而无信，不知其可也

——如何理解诚信的重要意义？

子曰："人而无信，不知其可也。大车无輗，小车无軏，其何以行之哉？"这句话是说："人要是失去了信用或不讲信用，不知道他还可以做什么。就像大车没有车辕与轭相连接的木销子，小车没有车杠与横木相衔接的销钉，它靠什么行走呢？"孔子通过这种形象贴切的比喻强调了诚信的重要性。

同学们踏入大学的校门，开始了自己梦寐以求的大学生活，开始第一次独立面对大学学习、人际交往、生活消费、毕业就业，在学习生活中大家是不是备感诚信的重要性？那么诚信在我们生活中有着怎样的意义？我们又该如何去培养自己的诚信品质？本专题试图与大家一起探索这些问题。

一、熟读精思

（一）内省主题

如何理解诚信？如何培养自己的诚信品质？

（二）线上熟读

书目：《诚信：中华文化的做人准则》《信任的力量》《诚信决定存亡》。

（三）精思感悟

阅读以下两则材料，结合线上熟读，个人独立思考，完成思考题。

材料一

子贡问政

子贡问孔子："怎么样去治理政事？"孔子回答："要使粮食充足，要使军备充足，要使百姓相信政府。"子贡又问："如果迫不得已要在这三项中去掉一项，先去掉哪一项呢？"孔子说："先去掉军备。"子贡又问："如果再迫不得已要在食与信之中去掉一项，先去掉哪一项？"

孔子的回答斩钉截铁："去掉粮食。因为没有粮食吃，不过是死亡，而自古以来谁都免不了死亡。如果百姓不信任政府，国家就无法确立了。"

——参见《论语·颜渊》译文。

材料二

"信义奶奶"窦兰英：心不能被压倒，做人要有诚信

1985年，年仅36岁的窦兰英不幸中年丧夫。2006年，在窦兰英的大女儿生下女儿28天时，她的丈夫丢下还在坐月子的妻子和襁褓中嗷嗷待哺的孩子离家出走，至今杳无音信。看着生活拮据的大女儿和可怜的小孙女，窦兰英拿出自己的所有积蓄在肃南县购买了一套小小的房子，和女儿、孙女生活在一起，可是到了2012年，命运又一次无情地捉弄了窦兰英老人。大女儿被查出患有直肠癌。为了治病，母女俩开始四处借钱，外债借了一万又一万。然而术后一年多，命运还是没有眷顾这位要强的母亲，2013年冬天大女儿最终撒手人寰，面对7岁大的孙女和12万元的债务，窦兰英一夜白了头。看着窦兰英带着孙女处境艰难还要还债，许多借给她们钱的人都不想再提债务的事了，但窦兰英却做出了决定：替女还债！为信守替女还债的承诺，60多岁的老人重操旧业，当起了保姆、干上了钟点工，空闲时间还去捡废品卖破烂，省吃俭用把每一分钱都攒下来还债。这些年，老人没添过一件像样的衣服，生病了舍不得多花一分钱买药。除打工的工资全部还债外，她甚至连自己每月280元的低保费也全部积攒下来用于还债。就这样，这位老人为完成替女还债的心愿，一边悉心照料着年幼的孙女，一边撑着衰弱多病的身体日复一日四处奔波，她坚强的心从没有被压倒！在老人的不懈努力和社会各界帮助下，2019年，窦兰英终于全部还清女儿欠下的12万元债务。2019年9月，被誉为"信义奶奶"的窦兰英获评第七届全国道德模范。她以自己的诚信之举收获了尊严，她的故事也告诉身边的人们，即便遇到再大的困难，心不能被压倒，做人要有诚信。

——参见《心不能被压倒，做人要有诚信》，人民看点新媒体，2019年11月8日。

思考题：

1. 怎样看待诚信是立国之本？

2. 如何理解"诚"与"信"？

二、返观内视

（一）困惑内照

结合熟读精思，简要回答以下问题：

1. 什么是诚信？你是一个注重诚信的人吗？

2. 人为什么要做到诚信？

3. 如何培育自己的诚信品质？

（二）研讨检视

1. 什么是诚信？

（1）讨论

你是一个任何事都"言必行，行必果"的人吗？大学生中有哪些不诚信的表现？

（2）点评

《大学·诚意》章曰："所为诚意者，毋自欺也。"诚信就是不要自己欺骗自己，待人处事真诚，说话信守承诺，做到"言必行，行必果"。日常生活中我们会时时感受到诚信的重要性，并希望别人真诚地对待我们。但不诚信的现象却屡见不鲜，大学生中也不例外：本需要自己亲身经历的暑期社会实践，为了偷懒讨巧便去照抄网络上别人的成果；考试本身是为了检验自己的学习效果，但是虚荣、懒惰让有些同学铤而走险；攀比高消费，于是与校园贷有了亲密接触；为了找到一份心仪的工作，有的同学不惜用"注水"简历；等等。这些都是"自欺"行为，势必会严重侵蚀人与人之间的信任感，甚至引发严重的社会危机。

2. 人为什么要做到诚信？

（1）讨论

你认为诚信重要吗？怎样看待一些弄虚作假而暂时获得荣誉和名利的现象？

（2）点评

诚信的价值并不只是体现在不欺骗，更在于对自身良知的忠实上。古语有云"一言九鼎"，说出口的话便成了一种承诺，而承诺便是一份责任，这种责任既包含对他人，也包含对自己的责任。我们在社会生活交往中，形成了共同遵守的准则，有章必循，有诺必践，有法必依，如若不然，我们便会失去在这个社会的立身之本，整个社会也就会失去运行之则。回溯中华上下五千年这璀璨的历史长河，诚信是中华民族的优良传统美德，也是这长河中不可或缺、熠熠生辉的民族文化之精髓。"言而有信，不知其可也""一言既出，驷马难追"等名言警句，都说明了诚信这一品质的至关重要。因此，每一个公民都应该树立诚信意识，遵守诚信道德规范，共建个人与他人、个人与社会之间的和谐关系。同时，诚信作为中华民族几千年来推崇的一个基本美德，已经成为大学生行走的一张"名片"，是大学生取得事业成功的根本保证。假的再怎么修饰终究是成不了真，做不守诚信之事也许会获得一时的荣誉和利益，但由此也会失去那一份宝贵的品德，最终必将自食其果，那时便是后悔也来不及了。

3. 如何培育自己的诚信品质？

（1）讨论

大学生如何做到诚信？如何培养自己的诚信品质？

（2）点评

大学生作为社会主义的建设者和接班人，有为人类和平进步事业做贡献的历史使命。在未来的人生中，当代大学生不仅要专注于专业知识水平的提升，更要注重自觉加强诚信道德建设，把诚信这一道德品质作为高尚的人生追求与目标，以及立身处世的根本准则，以提高自己的综合素质。目前，大学生的整体诚信状况是比较令人满意的，但近年来一些不诚信的现象也屡见不鲜，并集中体现在在校学习、人际往来、经济行为和就业择业这几个方面。我们只有在学习中端正态度、严谨求真，经济上以信立人、信守承诺，生活上遵纪守法、弘扬正气，就业上自尊自爱、修身明礼，从而在日常学习、工作和生活中，做到"内诚于心，外信于行"，才能为成为社会主义合格建设者和可靠接班人打下坚实的道德基础。

（三）体会返观

根据困惑内照和研讨检视，通过参与教学活动，分享自己的习得体会。

三、口诵心惟

（一）诵阅名言

民无信不立。

——［春秋］孔子

意诚而后心正，心正而后身修。

——［春秋］曾子

言不信者行不果。

——［春秋］墨子

诚者，天之道也；思诚者，人之道也。

——［战国］孟子

君子养心莫善于诚。

——［战国］荀子

小信诚则大信立。

——［战国］韩非子

精诚所至，金石为开。

——［东汉］王充

凡与人言即当其事之可否，可则诺，不可则无诺。

——［清］申涵煜

诚信为人之本。

——鲁迅

千教万教教人求真，千学万学学做真人。

——陶行知

（二）哲理探讨

结合以上名言，探讨其中蕴含的哲理。

（三）分组演讲

结合诵阅名言及哲理探讨，参考以下角度开展分组演讲。

1. 对诚信的总体认识

（1）言必信，行必果。

（2）守信于己。

（3）诺信于人。

（4）践信于行。

2. 诚信的意义

（1）诚信为人之本。

（2）诚信创造未来。

（3）诚信则人亲百事成。

（4）国无信不威。

3. 诚信品质的培养

（1）意诚而后心正，心正而后身修。

（2）小信诚则大信立。

（3）以诚待人。

（4）内诚于心，外信于行。

四、品评卓逸

（一）总结点评

1. 哲理探讨的点评

诚信作为中华民族的优良传统美德，是社会主义核心价值观之一。它伴随着一代代的国人经历沧海桑田，并最终沉淀为民族文化之精髓。在我国经久不衰的传统文化中，有众多教人诚信的至理圣贤名言，随着时间的变迁在不断地传承、践行中促进着社会风气的提升。上述名言中，"诚者，天之道也；思诚者，人之道也""诚信为人之本"阐明了为人守信是做人的基本要求，"民无信不立""精诚所至，金石为开"强调在生活中诚信的至关重要性，"意诚而后心正，心正而后身修""君子养心莫善于诚""小信诚则大信立"则指出了如何培育诚信品质的方法。

我们要自觉从古人流传下来的这些名言警句中汲取营养成分，学会正确地认识诚信，懂得诚信对做人来说是何其重要，不断增强自己的诚信意识，提高守德的自觉性，不断反思自己的言行举止，做一个诚实守信的人，并且把诚信这一优良品质不断传承并发扬光大。

2. 分组演讲的点评

本课演讲共从三个角度列出了 12 个具体题目。这三个角度从宏观认识到具体培育、从表象到内部，具有一定的内在逻辑。深刻理解其中逻辑、准确把握各题含义是建构好演讲线索和内容的基础。

在具体演讲中，引用经典哲理、引述案例能使演讲内容更加生动、论据更加确凿。结合自己的经历谈体会有利于贴近实际、增强感染力。当然，细致的论据准备、充分的个人自信以及必要的演讲技巧训练亦能辅助提升演讲的整体效果和水平。

（二）习得品味

如何理解诚信？人为什么要做到诚信？如何培育自己的诚信品质？诚信是每个中华儿女应该遵守的道德规范，是做人的基本准则，对这个问题的思考和回答不仅直接关系每个人未来的生活，还关乎着一个国家的发展。而通过本次课的内省，当我们试图重新去回答这些问题的时候，以下几点是值得再次细细品味的。

首先，关于如何理解诚信。如何理解诚信，是主体认同树立诚信观念的前提。诚信二字在《说文解字》注释中属于同一个意思，既指内心真诚，又指对人守信，由内诚于心、外信于人这两方面组成，与一个人的内在价值相契合。从小到大我们一直就在讲诚信，人们评价一个人首先想到的也是诚信与否。当前在信息化时代背景下，多种多样的方式使人们能够更多样化地接触和了解信息，同时，随之出现的是各种不同的价值观念，这些价值观念影响着人们的价值判断，影响了我们的诚信意识。

其次，关于人为什么要做到诚信。讨论为什么要诚信，是大学生主动培育自己诚信品质、加强道德修养的前提。诚信传承至今，一直是中华民族的优良传统，如今更是作为社会主义核心价值观的内在要求，规范和约束着社会和个人，同时还是每一个公民应该遵守的道德规范，影响着个人与社会、个人与他人之间关系，是大学生的基本素质要求和步入社会的"通行证"，为大学生的未来打下坚实的基础。

最后，关于如何培养自己的诚信品质。讨论如何培养诚信品质，是减少失信现象，培育大学生成人成才的重要前提。对于这一问题，可以从和同学们大学生活紧密相关的内容，即学习、交往、经济、就业四个方面去探讨。诚信见之于知行合一中，大学生应将诚信道德意识内化为自觉自律的诚信道德信念，认识到自身肩负的历史使命，树立正确的人生观，对自我有清晰的认识和准确的定位，并且继承和发扬前人言出必行、恪守诚信的优良传统，汲取中国优秀传统文化的精髓，将诚实和信任作为崇高的道德品质追求，不断提升自身道德修养，积极践行社会主义核心价值观，从自身做起，从小事做起，在深入的实践中将守信用、讲信誉培养成自己的良好习惯。

由此，通过本次内省，我们需要谨记：作为当代大学生，每个人都应该有诚实守信的基本个人修养，只有具有此类优秀的诚信道德素养，树立诚信价值观并遵循诚信道德行为规范，才有利于自身全面发展。大学生是国家的栋梁，未来社会建设的生力军，其诚信意识的养成和国家与社会的发展、进步紧密相关，因此诚信是我们当代大学生一门不容忽视的必修课。

诚信如金石，燎原星星之火；诚信如明月，照亮夜行之路；诚信如灯塔，引你走向黎明。让我们用诚信打开美丽的人生之门。

（三）反思提升

围绕本次内省主题，在课后及以后日常生活中经常积极反思以下问题：

1. 我是一个诚信的人吗？
2. 我树立了正确的诚信观念吗？
3. 我做到了以诚实守信为荣，以见利忘义为耻吗？
4. 我提升了自己的诚信品质吗？

上善若水，从善如流

——如何做到与人为善？

"上善若水，水善利万物而不争，处众人之所恶，故几于道。"世界上最柔的东西莫过于水，老子认为最善的人好像水一样，指出了人追求的至高品性就是"善"。

同学们高中毕业，意味着成人阶段的开始。大家从高中封闭的学习环境进入相对自由独立的大学校园，将遇见来自五湖四海的同学、各行各业的陌生人，大学校园是我们学习生活、与人交往、不断成长的重要场所，是参加工作走向社会前的最后一站，是我们共有的精神家园，我们将怎样和老师、同学等他人相处？到底什么是友善？如何做到与人为善？践行友善会遇到怎样的困惑与挑战？我们又该如何去应对？本专题试图与大家一起探讨上述问题。

一、熟读精思

（一）内省主题
什么是与人为善？如何做到与人为善？

（二）线上熟读
书目：《中国家风丛书：友善》《不生气的活法》。

（三）精思感悟
阅读以下两则材料，结合线上熟读，个人独立思考，完成思考题。

材料一

仁义胡同——六尺巷的故事

清朝时，在安徽桐城有一个著名的家族，父子两代为相，权势显赫，这就是出了张英、张廷玉父子的张家。清康熙年间，张英在朝廷当文华殿大学士、礼部尚书。老家桐城的老宅与吴家为邻，两家府邸之间有个空地，供双方来往交通使用。后来邻居吴家建房，要占用这个通道，张家不同意，双方将官司打到县衙门。县官考虑纠纷双方都是官位显赫的名门望族，不敢轻易了断。在这期间，张家人写了一封信，给在北京当大官的张英，要求张英出面，干涉此事。张英收到信件后，认为应该谦让邻里，给家里回信写了四句话：

千里来书只为墙，让他三尺又何妨？万里长城今犹在，不见当年秦始皇。

家人阅罢，明白其中意思，主动让出三尺空地。吴家见状，深受感动，也主动让出三尺房基地，这样就形成了一个六尺的巷子。两家礼让之举和张家不仗势欺人的做法传为美谈。

——参见柴福善：《仁义胡同》，载于《前线》2010 年第 6 期。

材料二

郭明义爱心团队：续写新时代的雷锋故事

"外面下大雨，屋里下小雨。"说起以前破旧不堪的石头房，住上新房的李富春老人直摇头："四处透风，只有一间能住，进出还得弯着腰。"79 岁的李富春是辽宁省葫芦岛市建昌县素珠营子乡邱杖子村安子沟屯建档立卡贫困户。前几年，老伴因为患脑瘤做手术，家里欠债十几万元，老两口一直住在危房中。2017 年，郭明义爱心团队的志愿者们来到了村里，发现当地贫困户的房屋普遍年久失修、既破且危。他们挨家挨户走访贫困户，"那一天走了 3 万步"。在郭明义的真情感召下，葫芦岛市各部门各单位在不久后成立了 195 支爱心团队分队，他们和其他郭明义爱心团队共捐款 357.1 万元，帮助 146 户贫困户翻建了新房。目前，除辽宁外，郭明义爱心团队精准扶贫足迹遍布四川、云南、甘肃、宁夏等 10 多个省份的偏远农村。

一个郭明义，带动一群人。截至目前，全国各地已组建了 1300 多个郭明义爱心团队，结对帮扶了全国 4900 余户贫困户，累计为精准扶贫捐款 2900 多万元。"赠人玫瑰，手有余香"，自 2014 年以来，5 年时间全国累计新增郭明义爱心团队 700 多个，新增志愿者 100 多万人，总数超 230 万人。"每一个困难求助，都是一份信任。"郭明义说，"总书记给我们爱心团队回信，是鼓励，也是鞭策。我们的责任，就是践行总书记要求，让学习雷锋精神在祖国大地蔚然成风。"

——参见《郭明义爱心团队：续写新时代的雷锋故事》，载《人民日报》，2019 年 8 月 4 日。

思考题：

1. 你怎么理解"善"？

2. 如何理解"赠人玫瑰，手有余香"？

二、返观内视

（一）困惑内照

结合熟读精思，简要回答以下问题：

1. 什么是与人为善？

2. 为什么要与人为善？

3. 如何做到与人为善？

（二）研讨检视

1. 什么是与人为善？

（1）讨论

与人为善就是对人好吗？你是如何看待友善的？你是一个与人为善的人吗？

（2）点评

儒家的"仁爱"、道家的"上善若水"、墨家的"兼爱"……诸子百家对"与人为善"有不同角度的阐述。友善从中华民族优秀传统美德中绵延生长而来，是人性中友好和善良的心理品质的结合。随着社会的发展，大学生的人际交往圈不断扩大，很多同学都希望自己拥有和谐友善的人际关系，但是在与人相处的过程中问题不断出现，经验不足的我们在面对这些问题时可能会不小心乱了阵脚，忽略了换位思考，把自己的利益放在首位，缺乏了我们本该有的平等的心态和博爱的胸怀。我们要知道，与人为善是自我的友善、人际关系的友善，更是社会的友善、生态文明的友善。如果我们每个人能用无私之心最大限度地尊重别人、帮助别人、善待社会，那么我们终将拥有一方和谐的天空。

2. 为什么要与人为善？

（1）讨论

生活中有哪些不友善的现象？造成了怎样的危害？友善有着怎样的意义？

（2）点评

在现今社会，物质生活不断丰富，人们的活动范围越来越大，人际交往日趋频繁，友善这一基本的美德更是显得尤为重要。在我们身边，凡人善举随处可见，在带来温暖的同时，也传递和扩散着正能量。然而，伴随着社会的转型、价值的多元，也出现了一些不那么和谐的音符，部分大学生在友善品质方面的缺失导致他们在对待自身、他人、社会和自然方面的关系处理不当，从而出现很多矛盾冲突甚至违法行为，我们应该警醒、反思。友善是我们每一个人都应该拥有的基本品质，社会越是进步发展，我们越是要保持这种道德态度。善待亲人，我们会收获美满和谐家庭；善待他人，我们的人生会走得更远；善待社会，我们的社会会安康和睦。为了我们自身的快乐、家人的幸福、社会的和谐，我们每一个人要深入体会友善的力量与价值，自觉践行友善价值观。

3. 大学生如何养成高尚的友善品质？如何与人为善？

（1）讨论

大学生如何做到"善心""善言""善行"？

（2）点评

古人曰，"行善积德""勿以恶小而为之，勿以善小而不为"。善，便是一心一意、时时刻刻为他人着想，恶，就是做损害个人道德、家庭社会乃至国家利益的事。每个人在初生时都纯净如白纸，透明如水晶。要始终坚信人性本善，虽然在成长过程中因教育和环境的差异而有"习于善则善，习于恶则恶"的区别。我们若是想要时刻保持自己的善性，就要让善的种子在心灵的净土上生根，如此，在等到发芽的那一天，善将会成为使我们内心强大、不断前行的精神食粮。"立善志者得善果"。今天的我们在心中立下善志，必定能收获美好的未来。"谢谢你""对不起""请原谅"应常挂在我们的嘴边，同时我们要在自我意识的基础上，使善行变成一种自觉行为，无论何时何地都能行善。而当善言、善行成为一种如影随形的习惯时，我们便能达到积善成德的目的，并培养健全的人格和高尚的道德情操。

（三）体会返观

根据困惑内照和研讨检视，通过参与教学活动，分享自己的习得体会。

三、口诵心惟

（一）诵阅名言

己所不欲，勿施于人。

——［春秋］孔子

君子莫大乎与人为善。

——［战国］孟子

爱人者，人恒爱之；敬人者，人恒敬之。

——［战国］孟子

与人善言，暖于布帛；伤人以言，深于矛戟。

——［战国］荀子

勿以恶小而为之，勿以善小而不为。

——《三国志·蜀书·先主传》

与人共事，要学吃亏。俗云：终身让畔，不失一段。

——［清］左宗棠

严以律己，宽以待人。

——周恩来

要做一个在寒天送炭，在痛苦中送安慰的人。

——巴金

善良不是一门科学，而是一种行为。

——［法］罗曼·罗兰

善良的、忠心的、心里充满着爱的人儿不断地给人间带来幸福。

——［美］马克·吐温

（二）哲理探讨

结合以上名言，探讨其中蕴含的哲理。

（三）分组演讲

结合诵阅名言及哲理探讨，参考以下角度开展分组演讲。

1. 对与人为善的总体认识

（1）己所不欲，勿施于人。

（2）严以律己，宽以待人。

（3）推己及人。

（4）善良是一种行为。

2. 与人为善的意义

（1）君子莫大乎与人为善。

（2）立善志者得善果。

（3）赠人玫瑰，手有余香。

（4）爱人者，人恒爱之。

3. 对大学生善心的认识

（1）仁者爱人。

（2）自我友善之心。

（3）他人友善之心。

（4）社会友善之心。

4. 对大学生善言善行的认识

（1）习于善则善，习于恶则恶。

（2）勿以恶小而为之，勿以善小而不为。

（3）从善如流。

（4）"日行一善"到"日日行善"。

四、品评卓逸

（一）总结点评

（1）哲理探讨的点评

中华民族是一个崇尚友善的民族，道德境界的提升是人类永不休止的追求，在我国传统文化中，有众多劝人行善、教人积德的圣贤名言。"与人为善"既是历史传统，又是当下的道德需求。在上述名言中，"己所不欲，勿施于人"明确提出与人为善是处理人际关系的重要原则，"善良的、忠心的、心里充满着爱的人儿不断地给人间带来幸福"则道出了善在与人相处中的意义，"勿以恶小而为之，勿以善小而不为""善良不是一门科学，而是一种行为"指出了与人为善的践行方法。

我们要自觉从这些名言警句中汲取营养，正确认识"与人为善"，存"善心"，用"善言"，传"善行"，全面提升道德修养，从而创造自己的美丽人生。

（2）分组演讲的点评

本课演讲共从四个角度列出了16个具体题目。它们分别从整体到局部、从抽象到具体几个角度进行了探讨，具有一定的内在逻辑性。深刻理解其中逻辑、准确把握各题含义是建构好演讲线索和内容的基础。

在具体演讲中，引用经典哲理、引述典型案例能使演讲内容更加生动、论据更加确凿。结合自己的经历谈体会有利于贴近实际、增强感染力。当然，细致的论据准备、充分的个人自信以及必要的演讲技巧训练亦能辅助提升演讲的整体效果和水平。

（二）习得品味

与人为善有怎样的内涵？如何与人为善？这是每个大学生在成长的时候必须

思考的问题，对这个问题的思考和回答不仅直接关系未来大学生活的成败，甚至还关乎个人一生的成长进步。而通过本次课的内省，当我们试图重新去回答这些问题的时候，以下几点是值得再次细细品味的。

首先，关于与人为善的内涵。讨论与人为善的内涵，是培育友善品质的前提。从小到大我们一直被教育要友善待人，但是生活中还是有不和谐之音频频出现，大学是培养"真善美"人才的圣洁之地。一个大学生，必须认真思考和感悟真善美的内在价值。我们可以在儒家思想中进行探讨。春秋时期孔子就主张仁者爱人，为善的最高境界是"仁"；孟子进一步提出性善论，提出了"与人为善"的思想；荀子有言，"人生不能无群"。在社会生活中，我们要与许多人交往：父母、老师、同学、朋友等，在交往过程中我们要本着对人要善、对事要善、对物要善、对己要善的原则，其实就是关心、理解、尊重他人或物，树立"己所不欲，勿施于人"的人生态度。如此，青年学生更需要不断提升个人修养，共同营造和谐校园、和谐社会，让中华民族的优秀传统文化在大学生群体中绽放出璀璨的现实光芒。

其次，关于如何与人为善。讨论如何与人为善，其实就是要践行友善品质，让大学生做到内化于心，外化于行。对于这个问题，我们可以从大学生的善心、善言、善行三个方面去探讨。在探讨这些问题之前我们必须搞清楚以下几个问题：为什么要与人为善？如何"善心"？如何"善言"？如何"善行"？值得指出的是，要真正回答好这些问题，必须从人性的角度去反思。孟子曰"人性本善"，我们也始终相信人性本善，但是人无完人，我们都是在不断的反思修炼中提升自己的道德修养的。所以道德品质要真正发挥作用，必须融入社会生活，让人们在实践中感知它、领悟它。因此我们要积极融入社会，让友善的道德品质外化为我们群体的自觉行为，在以后的人生道路上建造我们美丽的精神家园。

由此，通过本次内省，我们需要谨记：人一定要注重自己的道德修养，特别是青年时期要扣好人生的第一粒扣子，青年的道德修养关系着和谐社会的建设与发展，正是道德与青春的交汇构成了人生厚重的文化底蕴。让我们从自我做起，从身边小事做起，成为友善的传播者，让我们的校园、我们的社会遍开"友善之花"。

（三）反思提升

围绕本次内省主题，在课后及以后日常生活中经常积极反思以下问题：

1. 我理解上善若水的含义了吗？
2. 我正确地理解与人为善的含义了吗？
3. 我做到从善如流了吗？
4. 我做到与人为善了吗？

人 生 篇

投身人民的伟大奋斗

——如何实现有价值的幸福人生？

　　自从有了人类社会，幸福就是人们追求的永恒主题和终极目标。恩格斯曾深刻地揭示："在每一个人的意识或感觉中都存在着这样的原理，它们是颠扑不破的原则，是整个历史发展的结果，是无须加以论证的……例如，每个人都追求幸福。"① 正是幸福这座"灯塔"带给我们光明，指引我们的人生远航，也成为人类社会发展的重要助推力。

　　幸福是什么？人们因为经历、职业、环境、民族不同或所处的人生阶段、生活时代不同，对幸福的领悟和理解也会不同。那么，真正的幸福是什么？我们应该追寻什么样的幸福？通过怎样的方式获得幸福？如何实现有价值的幸福人生呢？本专题试图与大家一起探讨上述问题。

一、熟读精思

（一）内省主题

幸福是什么？如何实现有价值的幸福人生？

（二）线上熟读

书目：《哈佛幸福课》《人生的智慧》《幸福都是奋斗出来的》。

（三）精思感悟

阅读以下两则材料，结合线上熟读，个人独立思考，完成思考题。

材料一

马克思的"幸福观"

　　在选择职业时，我们应该遵循的主要指针是人类的幸福和我们自身的完美。不应认为，这两种利益会彼此敌对、互相冲突，一种利益必定消灭另一种利益；相反，人的本性是这样的：人只有为同时代人的完美、为他们的幸福而工作，自己才能达到完美。如果一个人只为自己劳动，他也许能够成为著名的学者、伟大的哲人、卓越的诗人，然而他永远不能成为完美的、真正伟大的人物。历史把那

---

　　① 《马克思恩格斯全集》第 42 卷，373～374 页，北京，人民出版社，1979。

些为共同目标工作因而自己变得高尚的人称为最伟大的人物；经验赞美那些为大多数人带来幸福的人是最幸福的人；宗教本身也教诲我们，人人敬仰的典范，就曾为人类而牺牲自己——有谁敢否定这类教诲呢？

如果我们选择了最能为人类而工作的职业，那么，重担就不能把我们压倒，因为这是为大家作出的牺牲；那时我们所享受的就不是可怜的、有限的、自私的乐趣，我们的幸福将属于千百万人，我们的事业将悄然无声地存在下去，但是它会永远发挥作用，而面对我们的骨灰，高尚的人类将洒下热泪。

——参见《马克思恩格斯全集》第 1 卷，人民出版社，1995 年版，459～460 页。

材料二

焦裕禄：他心里装着全体人民，唯独没有他自己

1962 年冬天，正是豫东兰考县遭受内涝、风沙、盐碱三害最严重的时刻。这一年，春天风沙打毁了二十万亩麦子，秋天淹坏了三十多万亩庄稼，盐碱地上有十万亩禾苗碱死，全县的粮食产量下降到了历史的最低水平。

就是在这样的关口，党派焦裕禄来到了兰考。

1964 年春天，正当党领导着兰考人民同涝、沙、碱斗争胜利前进的时候，焦裕禄的肝病也越来越重了。

夜已经很深了，阵阵的肝痛和县委工作沉重的担子，使焦裕禄久久不能入睡。他的心在想着兰考县的三十六万人和两千五百七十四个生产队。抗灾斗争的发展是不平衡的，基层干部和群众的思想觉悟也有高有低，怎样才能充分调动起群众的革命积极性？怎样才能更快地在全县范围内开展起轰轰烈烈的抗灾斗争？……

县委一位副书记在乡下患感冒，焦裕禄几次打电话，要他回来休息；组织部一位同志有慢性病，焦裕禄不给他分配工作，要他安心疗养；财委一位同志患病，焦裕禄多次催他到医院检查……焦裕禄心里，装着全体党员和全体人民，唯独没有他自己。很多人都发现，无论开会、做报告，他经常把右脚跷在椅子上，用右膝顶住肝部。他棉袄上的第二和第三个扣子是不扣的，左手经常揣在怀里。人们留心观察，原来他越来越多地用左手按着时时作痛的肝部，或者用一根硬东西顶在右边的椅靠上。日子久了，他办公坐的藤椅上，右边被顶出了一个大窟窿。他对自己的病，是从来不在意的。同志们问起来，他才说他对肝痛采取了一种压迫止痛法。县委的同志劝他疗养，他笑着说："病是个欺软怕硬的东西，你压住他，他就不欺侮你了。"焦裕禄暗中忍受了多大痛苦，连他的亲人也不清楚。他真是全心全意投到改变兰考面貌的斗争中去了。

——节选自穆青、冯健、周原：《县委书记的榜样——焦裕禄》，载《人民日报》，1966 年 2 月 7 日。

思考题：

1. 你认为的幸福是什么？什么样的人生才是有价值的、幸福的？

2. 如何理解"先天下之忧而忧，后天下之乐而乐"新的时代意义？

二、返观内视

（一）困惑内照

结合熟读精思，简要回答以下问题：

1. 如何看待"幸福就是物质生活的富足"？

2. 如何实现有价值的幸福人生？

（二）研讨检视

1. "幸福就是物质生活的富足"，对吗？

（1）讨论

你是否听到过或自己曾经认为过"幸福就是物质生活的富足"？物质的拥有、感官的刺激、资源的占有或个人小目标的实现是真正的幸福吗？快乐和幸福有什么区别？到底什么是真正的幸福？

（2）点评

每一个人都在追求自己人生的幸福，有时候也会有这样的错觉，以为满足了物质的欲望、感官刺激就是一种幸福。当前一些大学生因为虚荣心和攀比心理作祟容易沉溺于眼前的物质享受，一些独生子女受到父母的溺爱容易形成以自我为中心的幸福观。那么，为什么我们拥有了富足的物质生活和短暂的快乐之后，却依旧感觉不到幸福？显然，幸福离不开快乐，但快乐并不就等于幸福，要使生命从"快乐"行进到"幸福"，先要领悟幸福的真正内涵，或许有的人认为物质生活水平的提高是幸福的重要内容，但这一定是短暂的，而优良的德行、高尚的人格以及健康向上的精神生活才应该是幸福的更高追求层次，也是可持续的长久的幸福。

2. 我们应该追求什么样的幸福？

（1）讨论

追求幸福的意义何在？你追求幸福的目的和动机是什么？我们应该追求什么样的幸福？

（2）点评

人类一直孜孜不倦地追求着幸福，受物质条件和个人认知的影响，不同时代、不同人追求幸福的目的和动机可能都不一样。但正确的幸福动机对于人生的意义是积极正向的，可以使你获得"真幸福"，错误的幸福动机则具有负向消极的影响，使你得到的只是"假幸福"。正确的三观将有助于树立正确的幸福动机，你会明白：真正的幸福应该是个人幸福、他人幸福与社会幸福三者的有机统一。因为，如果每个人都在追求幸福的过程中推动社会发展，那么随着社会的发展，个人的幸福感便能进一步增强，两者相辅相成。因此，我们只有做出符合时代、符合社会、符合人民需要的价值选择并矢志追求，才能真正实现幸福人生。

3. 我们应该如何实现有价值的幸福人生？

（1）讨论

我们应当通过哪些途径来追求幸福？怎样才能提高获得幸福的能力？当下的我们应该怎么做才能最终实现有价值的幸福人生？

（2）点评

每个人都希望自己幸福，但事实是：并不是每个人都会积极主动去追求幸福。幸福肯定不是唾手可得的，而是需要通过诚实劳动、积极主动创造等正当合理合法的方式来获取的。每个人因性格、心态、知识储备以及对事物的认知不同，获取幸福的能力也不同，但获取幸福能力的提升无外乎以下方面：首先，要思考如何培养积极乐观的心态、自觉抵制庸俗肤浅的思想，提升发现幸福的能力；其次，要学会如何辩证分析问题，在日常生活中常怀感恩之心，提高感受幸福的能力；最后，要通过建立正确的自我认知、提升实践能力以及增强抗压受挫能力等来加强创造幸福的能力。获取幸福的能力并不是与生俱来的，需要我们用心去感悟、不断历练。我们只有从当下开始积极努力思考并付诸行动，才能最终到达幸福的彼岸。

（三）体会返观

根据困惑内照和研讨检视，通过参与教学活动，分享自己的习得体会。

三、口诵心惟

（一）诵阅名言

圣人不积，既以为人，己愈有；既以与人，己愈多。

——《道德经》

饭疏食饮水，曲肱而枕之，乐亦在其中矣。不义而富且贵，于我如浮云。

——《论语》

知止而后有定，定而后能静，静而后能安，安而后能虑，虑而后能得。

——《礼记·大学》

圣也者，尽伦者也；王也者，尽制者也；两尽者，足以为天下极矣。

——《荀子·解蔽》

为天地立心，为生民立命，为往圣继绝学，为万世开太平。

——［北宋］张载

我们每个人的幸福也依赖于祖国的繁荣，如果损害了祖国的利益，我们每个人就得不到幸福。

——雷锋

一个人如果要获得真正的幸福，就必须克制自己的情欲和享受，必须用智慧和德行去追求美德和至善。

——［古希腊］柏拉图

如果有一天，我能够对我们的公共利益有所贡献，我就会认为自己是世界上最幸福的人了。

——［俄］果戈理

当一个人专为自己打算的时候，他追求幸福的欲望只有在非常罕见的情况下才能得到满足，而且决不是对己对人都有利。

——［德］恩格斯

在富有、权力、荣誉和独占的爱当中去探求幸福，不但不会得到幸福，而且还一定会失去幸福。

——［俄］列夫·托尔斯泰

创造，或者酝酿未来的创造。这是一种必要性：幸福只能存在于这种必要性得到满足的时候。

——［法］罗曼·罗兰

（二）哲理探讨

结合以上名言，探讨其中蕴含的哲理。

（三）分组演讲

结合诵阅名言及哲理探讨，参考以下角度开展分组演讲。

1. 对幸福的总体认识

（1）我的幸福观。

（2）我梦想的幸福人生。

（3）快乐与幸福。

（4）不义而富且贵，于我如浮云。

2. 辩证认识影响幸福的因素

（1）仓廪实而知礼节，衣食足而知荣辱。

（2）知足之足，恒足矣。

（3）过程幸福和结果幸福。

（4）创造幸福和共享幸福。

3. 幸福与人生的认识

（1）为人民服务是最大的幸福。

（2）富贵不能淫，贫贱不能移，威武不能屈。

（3）穷则独善其身，达则兼济天下。

（4）睦邻友好，兼爱天下。

4. 实现幸福途径的认识

（1）富与贵，人之所欲也，不以其道得之，不处也。

（2）越奋斗越幸福。

（3）劳动是幸福的源泉。

（4）完善自我，抵达幸福彼岸。

四、品评卓逸

（一）总结点评

1. 哲理探讨的点评

关于幸福，早在先秦时期就有大量论述，并逐渐形成了较为深刻全面的幸福观。"修身立德""大同理想""民本思想"等均体现了几千年来中华民族对于幸福的思考和追求。在今天，这些至理名言，依然带给我们深刻的思考和无尽的启发，被许多人奉为立身准则和处世哲学，成为我们追求幸福路上的指路明灯。在上述名言中，"既以与人，己愈多"道出了幸福的核心要义；"静而后能安，安而后能虑，虑而后能得"阐明了精神幸福的重要性；"创造，或者酝酿未来的创造"指导我们幸福需要通过创造而获得。

我们要自觉从这些名言警句中汲取营养，正确把握幸福的内涵，辩证分析幸福的影响因素，全方位提升自身素质，积极投身为人民奋斗的中国梦，从而获得幸福人生。

2. 分组演讲的点评

本课演讲共从四个角度列出了 16 个具体题目。这四个角度从宏观到微观、从认知到实践，具有一定的内在逻辑。深刻理解其中逻辑、准确把握各题含义是建构好演讲线索和内容的基础。

在具体演讲中，引用哲理名言、引述典型案例能使演讲内容更加生动、论据更加确凿。思想能激励人很重要，在观众面前，做到真实、开放。另外，结合自己的经历谈体会更容易打动人，引起共鸣。例如：结合自身内省后的思想认知变化，采取的实际行动等分享交流会更具感染力，在反思自我的同时能带给他人更多感悟和触动。

（二）习得品味

幸福是什么？如何实现有价值的幸福人生？这两个问题是一个有机整体，互相联系。大学生是祖国和民族的未来与希望，他们的价值观念与思想认知，一定程度上体现着社会的主流和未来的方向。这也意味着拥有正确的幸福观，不仅有利于大学生自身的健康成长，也有助于国家和民族的发展。而通过本次课的内省，当我们试图重新去回答这些问题的时候，以下几点是值得再次深入思考的。

首先，关于幸福是什么。思考幸福是什么，是明确如何实现有价值的幸福人生的前提。从古至今，对于"幸福是什么"的思考一直没停过，不同时代、不同国家、不同文化、不同人对这一问题的解答也不尽相同。但是，作为新时代大学生，当从个人与社会、当前与长远、时代与人生等视角去思考这一问题时，我们会明白：幸福应当是一个对生命价值探索的过程，真正的幸福应该是个人幸福、他人幸福和社会幸福三者的统一，是物质幸福、精神幸福、过程幸福、结果幸福、创造幸福、共享幸福的有机结合。当然，最重要的幸福莫过于投身人民的伟大奋斗之中，这样才能真正创造属于自己的幸福人生。

其次，如何实现有价值的幸福人生？幸福不会从天而降，当我们明白幸福的真正含义之后，还需要懂得如何去创造自己的幸福人生。尽管每个人追求幸福的途径不尽相同，但以下几点却是大体一致的：首先，要认真思考自己秉承的追求幸福的动机是什么，清楚认识到获取幸福所需要的环境和条件，是基于个人为社会做贡献、为他人服务的基础之上的，明白了这点，有助于我们在利益与道义、个人与社会等关系上做出正确抉择，实现内外统一；其次，要思考追求幸福应采取何种方式，虽然每个人追求幸福的方式会有不同，但无论怎么做，均不能损害社会整体利益或危害他人利益，当我们内心时刻秉承这样一条道德"底线"，在追求幸福的过程中便会"取之有道"，一直在正确的道路上前进；最后，要思考如何逐步提升追求幸福的能力，那便是从当下开始，脚踏实地、勇于拼搏，不断提升发现幸福的能力、感受幸福的能力和创造幸福的能力。

由此，通过本次内省，我们需要谨记：幸福不是物质享受，也不是短暂的快乐；幸福不会从天而降，也不会一蹴而就。想要幸福，就需要有"先天下之忧而忧，后天下之乐而乐"的博大情怀，在个人与社会的统一、时代与人生的交汇中，去演奏一曲投身人民的伟大奋斗的幸福乐章。

（三）反思提升

围绕本次内省主题，在课后及以后日常生活中经常积极反思以下问题：

1. 我明白幸福的真正含义了吗？

2. 我在通过正确的途径去追求幸福吗？

3. 我现在开始多方面提升自己，为创造幸福着手准备了吗？

4. 我在追求幸福的过程中，更多考虑为他人和社会服务了吗？

与时代同步伐

——如何看待时代与人生？

"满眼生机转化钧，天工人巧日争新。预支五百年新意，到了千年又觉陈。""李杜诗篇万口传，至今已觉不新鲜。江山代有才人出，各领风骚数百年。"这是清代赵翼《论诗五首》中的诗句，寥寥几句，发人深省，数百年来广为流传。它道出了时代与人生的关系：时代的发展与个人的命运紧密相关，当代青年应当发时代之先声，在时代发展中有所作为。

大学是人生的一个转折点，对于同学们而言更是求知的新阶段。此刻正徜徉在大学缤纷美好时光中的你们，是否也同样鸿鹄满志，为学长学姐的才情所动容？为时代长河中涌现出的才人所振奋？当代大学生作为国家的新生代力量，要怎样把个人的命运与时代的发展联系起来？如何看待时代与人生的关系？如何做到与时代同步伐？本专题试图与大家一起探讨上述问题。

一、熟读精思

（一）内省主题

如何看待时代与人生的关系？如何做到与时代同步伐？

（二）线上熟读

书目：《强国时代》《梁晓声说：我们的时代与人生》。

（三）精思感悟

阅读以下两则材料，结合线上熟读，个人独立思考，完成思考题。

材料一

施光南——演奏时代的旋律

"人民音乐家"施光南在其生命中为人民谱写了许多脍炙人口的歌曲，是新中国培养的优秀音乐人。

1964年，他创作的女中音独唱曲《打起手鼓唱起歌》轻松欢快，是当时全国人民热爱祖国、上下一心共建家园的代表作，表达了劳动人民的信心与气魄。

1976年，《祝酒歌》传遍祖国南北，唱出了亿万中国人民喜迎胜利、满怀信心、迎接未来的喜悦与豪情。

1979 年，他接连创作了《吐鲁番的葡萄熟了》《在希望的田野上》等经久不衰的时代之歌，无论是对青年男女纯洁爱情的歌颂，还是对新时代新生活的讴歌，都唱进了人民的心坎里，引发了广泛的共鸣。

施光南凭借着异常敏感的触觉，总能找到与时代匹配的旋律与节奏，为时代立传。将个人命运与祖国相结合，坚持为人民而歌，用优美的旋律、饱满的真情激励青年一代成长，让人民感受音乐的力量、文化的力量、时代的召唤。

——参见《音乐家施光南留下的启示》，载《人民日报》，2019 年 5 月 30 日。

材料二

黄文秀——谱写新时代的青春之歌

黄文秀硕士毕业于北京师范大学，在人生道路的抉择中，她积极响应组织号召，毅然决然投身脱贫攻坚第一线，主动请缨到贫困村担任驻村第一书记。她不忘初心、牢记使命，勇于担当、甘于奉献，让党旗飘扬在新时代的长征路上。

自打入村，黄文秀努力融入当地生活，挨家挨户走访，不仅学会了桂柳方言，在一年多时间里，她还帮村里引进了砂糖橘种植技术，教村民做电商，协调给每个村建起了垃圾池，推动实施百坭村村屯亮化、道路硬化和蓄水池修建等工程项目。在任期间，她埋头苦干，时刻牢记党的嘱托，带领 88 户 418 名贫困群众脱贫，全村贫困发生率下降 20% 以上，村集体经济项目收入翻倍。

黄文秀用美好青春诠释了共产党人的初心使命，谱写了新时代的青春之歌。当代青年是与新时代共同前进的一代，我们所面临的新时代，既是近代以来中华民族发展的最好时代，也是实现中华民族伟大复兴的最关键时代。青年一代享有广阔资源的同时也承载着时代的使命。当代中国青年要在感悟时代、紧跟时代中珍惜韶华，让青春在党和人民最需要的地方绽放绚丽之花。

——参见《用生命诠释初心和使命——记抗洪中牺牲的广西乐业县驻村第一书记黄文秀》，载《人民日报》，2019 年 6 月 23 日。

思考题：

1. 如何理解"时代不同，人们肩负的使命也会不同"？

2. 如何理解"当代中国青年要在感悟时代、紧跟时代中珍惜韶华，让青春在党和人民最需要的地方绽放绚丽之花"？

二、返观内视

（一）困惑内照

结合熟读精思，简要回答以下问题：

1. "精致的利己主义"有什么问题？

2. 如何理解时代与人生之间的关系？

3. 你觉得该如何把个人命运同时代使命结合起来？

（二）研讨检视

1. "精致的利己主义"有什么问题？

（1）讨论

什么是"精致的利己主义"？"精致的利己主义"问题出现在哪？你身上有"精致的利己主义"思想和行为吗？

（2）点评

马克思认为，人的本质是一切社会关系的总和。现实社会中，每个人的生活都会与其他人有着千丝万缕的联系，如果一个人没有责任、担当，凡事只顾自己，这便是我们口中的"精致的利己主义"。而这种利己品格的形成，源于个人的私心，行事的出发点和落脚点都只着眼于个人，而不顾及集体的利益，更不用说将个人的命运与祖国、与时代相结合。事实上，一个人如果只关注自己的得失终将成不了大事，也难以获得人生真正的快乐。同时，如果一个国家的人民都自私自利，那么这个国家该如何生存发展、攻克时艰？当今时代是国家发展的关键时期，民族振兴呼唤青年磨砺责任意识和担当意识。只有青年一代能够勇挑重担、抗击风险、不畏难关，个人才能健康成长，国家才能充满希望。新时代的大学生应当时刻审视自己，认识到逃避畏难、吝于付出的思想和行为都是要不得的，从而建立起利他观而非利己观，真正做到与时代同步伐，与祖国同呼吸。

2. 如何理解时代与人生之间的关系？

（1）讨论

时代的变化对我们有什么影响？如何理解每一代人有每一代人的际遇和要走的长征路？

（2）点评

青年人常常感觉和老一辈有代沟、难沟通，是什么造成了这种认知和思维的差异呢？这可能就是时代的变迁所致。时代背景不同，时代发展要求不同，每个时代的人民对于自我的认知、人生的规划和人生的选择自然也不相同。每一代人身上都有着不同时代的烙印。在资源匮乏的年代谋生存，在资源丰厚的当今，我们更能自我实现，而这种自我实现必然也是和国家、时代的发展并轨的，否则只会湮灭在时代的洪流之中，终被淘汰。社会在进步，时代在发展，如今新的时代也对我们提出了新的要求，只有顺应历史潮流，与时代同行，才能成就人生。每代人都要了解每代人的际遇，走好自己的长征路，积极应变，主动求变。这是历史发展的深刻结论，也是人类社会发展的必然规律。

3. 你觉得该如何把个人命运同时代使命结合起来？

（1）讨论

只做好自己的事就可以了吗？新时代对青年有什么要求？在个人和国家面前如何做好选择？怎样将个人命运与时代使命相结合？

（2）点评

我们都听过"少年强则国强"，那么青年一代作为国家的希望，作为实现民族伟大复兴的先锋力量，是身兼重任的，不能眼里只有自己，只有个人。"大海不可能退回到小湖泊、小河流，时代潮流不受阻挡。""世界就是顺应着趋势构成的。""弄潮儿向涛头立，手把红旗旗不湿。"这些名言警句都在告诫我们，要能够把握潮流，要驾驭当今潮势，而这些的关键就在于要培养出无惧风浪、笃定把准航向的心态和乘风破浪的本领。青年一代的信念是与国家的未来紧密联系的，那么我们就需要具备胸怀天下的忧国忧民之心和爱国爱民之情，在大学阶段就志存高远，听党话、跟党走，时刻心系祖国，不断提升个人素养，修炼过硬本领，让青春能够在为祖国、为人民、为民族、为人类的奉献中焕发出更加绚丽的光彩，在我们的时代中实现个人的价值。

（三）体会返观

根据困惑内照和研讨检视，通过参与教学活动，分享自己的习得体会。

三、口诵心惟

（一）诵阅名言

世界潮流，浩浩荡荡，顺之则昌，逆之则亡。

——孙中山

创造这中国历史上未曾有过的第三样时代，则是现在的青年的使命。

——鲁迅

时代的落伍者才是最可怜的。

——李大钊

青年之文明，奋斗之文明也，与境遇奋斗，与时代奋斗，与经验奋斗。故青年者，人生之王，人生之春，人生之华也。

——李大钊

个人的痛苦与欢乐，必须融合在时代的痛苦与欢乐里。

——艾青

最有希望的成功者，并不是才干出众的人，而是那些最善利用每一时机去发掘开拓的人。

——［古希腊］苏格拉底

什么是你们的义务？是时代的要求。

——［德］歌德

一个时代的精神，是青年代表的精神；一个时代的性格，是青春代表的性格。

——马克思

（二）哲理探讨

结合以上名言，探讨其中蕴含的哲理。

（三）分组演讲

结合诵阅名言及哲理探讨，参考以下角度开展分组演讲。

1. 对人生和时代关系的认识

（1）与家国共生，与时代同行。

（2）时代赋予当代大学生的使命。

（3）青年是标志时代的最灵敏的晴雨表。

（4）谱写新时代青春之歌。

2. 对做到与时代同步伐重要性的认识

（1）天下兴亡，匹夫有责。

（2）一代人有一代人的长征。

（3）时代向前，吾辈向上。

（4）时代的责任赋予青年，时代的光荣属于青年。

3. 对新时代新要求的认识

（1）时代所向，志之所趋。

（2）在祖国发展与时代更迭中成长。

（3）民族振兴是青年的责任。

（4）奋斗是青春最靓丽的底色。

4. 对做到与时代同步伐方法的认识

（1）争做新时代的"弄潮儿"。

（2）将青春奋斗熔铸在时代发展之中。

（3）百川异源终归于海，百家殊业皆务于时。

（4）使命在肩，奋斗有我。

四、品评卓逸

（一）总结点评

1. 哲理探讨的点评

中国是一个拥有悠久灿烂文化的国家，在一次又一次的改朝换代、政权变更的过程中，人民的思想也不断更迭，对国家和时代的认识逐渐深刻。在国家范畴中没有绝对独立的个体，个人命运与国家和时代密不可分。在上述名言中，"时代的落伍者才是最可怜的"道出了与时俱进的重要意义，不在时代中前进，必然会为时代所淘汰。歌德和艾青的名言，都强调了与时代同呼吸的思想，鲁迅更是告诉了我们青年一代应当秉持的气魄。

青年人是最富朝气、最富梦想的群体，处在人生充满活力和迅速提升的时期，理应承担起时代所赋予的重任，在时间的长河中找寻到自己的位置，把握住这一代的际遇和机缘。换句话说，我们需要在自己所处的大时代下，去谋划自己的人生，去创造属于我们自己的历史。青年是标志一个时代最灵敏的晴雨表，青年的发展则反映了这个时代的脚步。为了完成时代所赋予的责任，创造时代的荣光，就需要我们勤思善思，从这些名言警句中学习和领悟时代与人生的关系，正确认识时代所赋予的使命，志存高远并不懈奋斗，让青春开出属于我们的时代之花。

2. 分组演讲的点评

本课演讲共从四个角度列出了 16 个具体题目。这四个角度剖析了青年人生与时代要求之间的内在关联，由浅及深，具有一定的逻辑性。通过辨析观念、梳理逻辑把握其中的精髓，是好的演讲的关键。

在演讲的过程中，可以通过引用名言警句、案例来强化自己的观点和论述，使得表达更加充分，有理有据，同时也可以通过调整语速、语气、语调来加强情感的表达，增强感染力，在不断的练习中提升自己的演讲水平。

（二）习得品味

如何看待时代与人生的关系？怎样做到与时代同步伐？这是作为新时代接班人的青年一代不得不面对和思考的问题，对这些问题的思考将影响我们人生的每一次选择。通过本次课的内省，我们应深深思考、细细品味以下几点。

首先，如何看待时代与人生的关系？探讨时代和人生的关系，是我们在进行人生规划时首先就要思考的问题。认清这一问题，需要厘清个人与集体，也就是我们与祖国的关系。祖国繁盛才能为我们提供良好的生存环境和发展空间，而祖国的建设需要我们青年一代注入力量，绝对的利己主义是无法保证个人成长和个人价值的实现的。因此我们要具备开放的心态，要胸怀理想、志存高远，要学习扎实的理论知识，用知识武装头脑，掌握过硬本领，成为有学识有才干的实干家，把人生理想融入国家和民族的事业中，让青春之花绽放在祖国最需要的地方，在实现中国梦的伟大实践中书写别样精彩的人生。

其次，怎样做到与时代同步伐？第一，在意识层面要求我们要有一种时不我待、不进则退的紧迫感和深切的忧患意识，这样我们才能敏锐地嗅到时代的气息。第二，我们要培养一种不甘落后、奋起直追的魄力和实现民族复兴的雄心壮志。青年一代唯有坚持与时代同步伐，才能永葆先进性，那么具体该怎么做呢？首先要求我们能够正确把握时代的主题和本质，认清并掌握时代和世界发展的大趋势，进而始终站在时代发展和世界潮流的前列；其次需要我们注重学习、善于学习，使理论知识和思想认识跟上社会进步和时代发展，不被时代淘汰；最后便是要具有俯瞰世界的眼光和统筹全局的战略眼光。如此一来，在分析问题和解决问题的时候，我们才能够眼光深远，对局势了然于胸，既着眼个人也着眼国家，既看得清现实也看得见未来，更好地统筹规划自己的人生，做无愧于时代的选择。

由此，通过本次内省，我们需要谨记：人生长河并不能肆意地流淌，而应有目标有方向有规划，我们的目标、方向和规划应当与我们的祖国发展、我们的时代要求相结合，同人民一起奔跑逐梦，青春才能无悔。

（三）反思提升

围绕本次内省主题，在课后及以后日常生活中经常积极反思以下问题：

1. 我明白新时代新要求了吗？

2. 我做到与时俱进了吗？

3. 我清楚我们这一代的责任吗？

4. 我将个人追求融入时代主题之中了吗？

创新决定未来

——如何理解创新素质决定人生高度？

    "学贵知疑，小疑则小进，大疑则大进"出自明代陈献章的《白沙子·与张廷实》，这句话是说，做学问贵在勤于思考、勇于质疑，小的疑问会带来小的进步，大的疑问会带来大的进步。诗句告诉了我们创新的价值和意义：在任何时代的洪流中，创新都是驱动发展的动力，也是个体成长和进步必备的素养。

    这是一个"大众创业，万众创新"的时代，大学生是这个时代最具想象力和创造力的群体。随着大学生活的延续，同学们必然会对校园生活的新鲜感逐渐消退，取而代之的是对人生和未来的思考。大家会越来越频繁地思考：我未来会在哪里？如何发展？什么将会决定人生的高度？本专题试图与大家一起探讨上述问题。

一、熟读精思

（一）内省主题

为什么说创新决定未来？如何提高自我的创新素质？

（二）线上熟读

书目：《颠覆性创新》《创新在于人，而不是产品》。

（三）精思感悟

阅读以下两则材料，结合线上熟读，个人独立思考，完成思考题。

材料一

屠呦呦的创新

    在人类历史上，疟疾几乎是蹂躏人类时间最长、杀伤范围最广的疾病。据世界卫生组织统计，目前仍有 92 个国家和地区属于疟疾高度和中度流行地区，每天发病人数为 1.5 亿，死亡人数逾 200 万。2015 年 10 月，屠呦呦因发现青蒿素治疗疟疾的新疗法获诺贝尔生理学或医学奖；2016 年 4 月 21 日，入选《时代周刊》公布的 2016 年度"全球最具影响力人物"；2019 年 1 月 14 日，入围 BBC "20 世纪最伟大科学家"。

    针对近年来青蒿素在全球部分地区出现的"抗药性"难题，屠呦呦及其团队经过多年攻坚，在"抗疟机理研究""抗药性成因""调整治疗手段"等方面取得新突破，于近期提出应对"青蒿素抗药性"难题的切实可行治疗方案，并在"青蒿素治疗红斑狼疮等适应症""传统中医药科研论著走出去"等方面取得新进展，获得世界卫生组织和国内外权威专家的高度认可。

正如屠呦呦自己所说：作为一个科学工作者，我们需要用创新精神去寻找新事物。实践证明，创新之路大多是"摸着石头过河"，是"科学房屋的生命力"。国势强弱，系乎人才；人才强弱，系乎创新。

——参见《屠呦呦致信新华社记者，讲述"青蒿素"发现历程》，新华网，2017 年 6 月 28 日。

材料二

北斗的 26 年成长路

早在 20 世纪 60 年代，中国就开始研究利用卫星进行地面定位服务。但由于当时国力较弱，这一计划并未实施。在既缺钱又缺技术的情况下，北斗系统经过数十年艰苦卓绝的研发，实现了自己的"开创性"。

2020 年 6 月 23 日 9 时 43 分，最后一颗北斗组网卫星在西昌卫星发射中心发射成功。至此，中国耗时 26 年、投入超过 120 亿美元、先后发射 59 颗卫星的自研卫星导航系统终于建成。这意味着中国有了自己的全球导航定位系统，彻底结束了依赖 GPS 的历史。

中国卫星导航系统管理办公室主任冉承其曾指出，我们有一个非常清晰的目标，即把这两种技术做到极致，做到极致最重要的标准就是做到世界一流，我们的系统不比其他任何一个系统差。北斗卫星导航系统工程总设计师杨长风曾指出，创新无止境，我们的梦想无止境，我们的北斗也无止境。到了 2035 年，我们还将建设一个更加泛在的、融合的、智能的国家综合时空体系，这就是我们更宏伟的一个目标。

——参见《北斗人说北斗：是青春 是奋斗 是梦想》，央视网，2020 年 6 月 23 日。

思考题：

1. 对于个体自身而言，创新的重要性体现在哪里？
2. 你认为影响创新的因素有哪些？

二、返观内视

（一）困惑内照

结合熟读精思，简要回答以下问题：

1. 如何看待"创新只要有好点子就够"？
2. 创新素质包括哪些？
3. 如何理解"创新决定未来"？

（二）研讨检视

1. 如何看待"创新只要有好点子就够"？

（1）讨论

创新只需要好创意吗？除了好点子以外，创新还需要些什么？

（2）点评

创新和好点子之间当然有着必然的联系，没有好点子怎么会有创新呢？要创新，首先需要的一定是灵感，但这灵感不是天生的，这种创新的灵感一定来源于善于质疑，以及对事物长期的思考和全方位的实践。创新绝非仅靠好创意就可以实现的，创新需要在其领域有扎实的基础，需要方向正确的积极思考，需要有突破旧格局的勇气和决心，更需要持之以恒的实践和反思。综上所述，能够实现创新，其实是综合素养全面提升并不断积累之后所呈现的结果，我们一定要趁青春年华努力提高自己的创新素质，为成就人生新高度打下坚实基础。

2. 创新素质的内涵是什么？

（1）讨论

提升创新素质是否需要提高自身专业水平？是否需要提高自身学习能力？创新素质具体的内涵是什么呢？

（2）点评

创新素质的内涵是丰富的，因此个人创新素质的提高也一定是多维度的。既然要创新，自然需要在创新的领域有坚实的基础，就像一幢建筑，再完美的设计也一定需要坚固的框架结构，没有牢靠的基建工程，再精妙的设计也无法呈现。从另一个层面来说，只有对基础体系熟悉到一定程度，才有可能发现原有体系的问题或瑕疵，才有创新的可能。再有，创新的全过程都是一个需要不断学习的过程，就像大家熟知的北斗系统，北斗团队在建设它的过程中，碰到了无数个技术难题，要实现自主创新，就要汇聚无数个局部创新来成就整体创新，所以学习能力也是创新成败的关键。当然，提升创新素质绝非满足以上几点就够了，任何行动都需要思想的指引，创新亦是如此。培养和提升创新素质首先需要树立创新的意识，它包含创新的责任感、突破陈规的意识和大胆探索未知领域的信心。创新还需要能力本领，它包含扎实的创新基础、正确的创新思维和积极的创新实践。当然，在创新的路上会有很多问题、很多困难，还有很多方面需要同学们在不断的思考和实践中去发现和总结。

3. 如何理解"创新决定未来"？

（1）讨论

创新和未来有着怎样的联系？为什么创新决定人生高度？

（2）点评

要厘清为什么创新决定人生高度这个问题，首先要弄清楚人生高度的评价标准是什么。个人的人生高度，可以简单地理解为人生成就，这种成就感自然伴随着自我价值和社会价值的实现。所以，为什么创新决定人生高度这个问题，其实是在探讨创新决定人生价值实现这个问题。创新不论是体现在学业上还是生活中，最终都要实现创新成果的转化，都反映着自身和外界两方面同时给予的认同，也就直接影响着自我价值和社会价值的实现。因此，创新决定人生高度。大学生要积极培养自己的创新意识，提高自己的创新能力，让自己能更早投入决胜未来的实践中。

（三）体会返观

根据困惑内照和研讨检视，通过参与教学活动，分享自己的习得体会。

三、口诵心惟

（一）诵阅名言

日新之谓盛德。

——《周易·系辞上》

穷则变，变则通，通则久。

——《周易·系辞下》

苟利于民，不必法古；苟周于事，不必循俗。

——《文子》

苟日新，日日新，又日新。

——《礼记·大学》

咱们不能人云亦云，这不是科学精神，科学精神最重要的就是创新。

——钱学森

非经自己努力所得的创新，就不是真正的创新。

——［日］松下幸之助

能正确地提出问题就是迈出了创新的第一步。

——［美］李政道

为了产生创新思想，你必须具备：必要的知识；不怕失误、不怕犯错误的态度；专心致志和深邃的洞察力。

——［美］斯威尼

（二）哲理探讨

结合以上名言，探讨其中蕴含的哲理。

（三）分组演讲

结合诵阅名言及哲理探讨，参考以下角度开展分组演讲。

1. 对创新的整体认识

（1）创新精神。

（2）敢为人先，勇于创新。

（3）创新与梦想。

（4）我的创新实践。

2．对创新素质的理解

（1）创新能力之我见。

（2）坚持与创新。

（3）苟周于事，不必循俗。

（4）提高创新素质，成就出彩人生。

3．对创新价值的思考

（1）创新是一种能力，更是一种习惯。

（2）创新与发展。

（3）创新决定人生高度。

（4）谋创新就是谋未来。

4．对创新与人生的认识

（1）学业中的创新。

（2）生活中的创新。

（3）日新之谓盛德。

（4）成功从创新开始。

四、品评卓逸

（一）总结点评

1．哲理探讨的点评

伟大的创造精神是民族精神的重要组成部分，也是中华民族立于世界民族之林的重要思想根源。作为当代大学生，我们应该认真体察并继承这种优良品质。个人在工作和生活中的创新能力、创新程度，影响着个人的成长速度和对社会的贡献度，也就直接决定了一个人的人生高度。上述名言其实也反映着创新的发展阶段，一切创新都源于对既成结果的质疑。因此，能正确地提出问题就是迈出了创新的第一步。"苟周于事，不必循俗"是在告诉我们，提出质疑以后需要有突破陈规的胆识和能力。"日新之谓盛德""穷则变，变则通，通则久"是在提醒我们要养成日日创新、事事创新的习惯。

我们要用这些名言警句时刻提醒自己。培养创新思维，提升创新能力，养成创新习惯，唯有如此，才能不负韶华，成就梦想。

2．分组演讲的点评

本课演讲共从四个角度列出了16个具体题目。这四个角度从整体到局部，它们之间既有时间逻辑，也有演绎逻辑。认真体会并把握其中的逻辑结构将对大家设计演讲逻辑有一定的帮助。

在具体演讲中，应加强哲理、典故以及名人案例的引用，让演讲可圈可点、有理有据。与此同时，希望大家能充分结合自身成长经历和生活感悟来增强演讲的感染力，以求更全面地展现个人思想和能力。

（二）习得品味

创新素质的内涵是什么？为什么创新这么重要？我们应该如何提升自己的创新能力？这些都是当我们面对创新这个主题时需要思考的问题。对于这些问题的思考，以及对所得结论的践行，可能会影响我们的职业发展方向，以及人生的发展历程，甚至我们人生的高度与格局。因此，希望本次课的内省能够让我们细细品味、反复体悟以下几点。

首先，创新素质包含哪些内容？弄清创新素质的科学内涵是提升创新能力和实现创新的前提。只有知道什么是创新素质，才知道自己努力的方向，也只有明晰了方向，才能有的放矢地制订切实可行的目标，并在严格执行的状态下一步步地达成。其实，关于创新素质的内涵，早在2001年第四期《国内外教育信息》中就有提及：独立的人格意识、民主参与的热情、强烈的好奇心、合理的知识结构、广泛的兴趣爱好、顽强的意志、良好的道德品质等。随着时代的发展，人们对于创新素质的内涵有了更加宽泛的理解，但不论其内涵何其丰富，从根本上都是对个体综合素养要求的不断完备。

其次，为什么创新决定未来？要回答这个问题，第一步是得先弄清楚创新能力包含了什么。创新能力是一个人的生存能力、决策能力、适应能力、耐受力、应激反应能力等多种能力的综合体现。从对创新能力构成要素的分析上我们可以看出，其中的任何一项能力都对个人未来能取得的成就起到了决定作用。因而具备良好的创新能力对于个体自身发展来说尤为重要，创新能力决定了一个人的未来和人生可能到达的高度。所以当我们探讨该怎样培养、提升自己的创新能力时，实质上是从上文所列举的这些具体方面去考量自我培养和锻炼提升的途径。

由此，通过本次内省，我们需要谨记：创新不仅是一种思维，更是一种能力和习惯。当我们三观尚未定型，思维模式、行为习惯还处于可塑期时，要正向引导、积极培养，才能"宝剑锋从磨砺出，梅花香自苦寒来"。

（三）反思提升

围绕本次内省主题，在课后及以后日常生活中经常积极反思以下问题：

1. 我有创新精神吗？
2. 我做到追求创新了吗？
3. 我养成创新思维了吗？
4. 我的创新素养提升了吗？

浩渺行无极，扬帆但信风

——如何提升人生格局？

　　"浩渺行无极，扬帆但信风。云山过海半，乡树入舟中。波定遥天出，沙平远岸穷。离心寄何处，目断曙霞东。"这些诗句出自《送朴山人归新罗》，诗人给我们描绘了一幅宁静致远的画面，展现了辽阔的胸怀与气度。

　　人生不如意事十之八九。涉世未深，还在成长和探索阶段的同学们，在生活和学习中也免不了会有遭受挫折，经历磨炼的时刻，有的同学看到的是风雨，而有的同学看到的是风雨后的彩虹，同学们对此是否有过内省和思考？格局不同，认知自然有异，必然也会使我们走向不同的结局。那么我们该如何去理解人生的格局？又该如何培养和提升自己的格局呢？本专题试图与大家一起探讨上述问题。

一、熟读精思

（一）内省主题

如何理解格局？怎样提升人生格局？

（二）线上熟读

书目：《苏东坡传》《大局观：格局的力量》。

（三）精思感悟

阅读以下两则材料，结合线上熟读，个人独立思考，完成思考题。

材料一

毛泽东的"人生格局"

　　毛泽东是我国伟大的思想家、革命家、理论家，他在领导中国人民进行革命和建设的过程中，不仅能够从长远出发，还善于从全局思考，进行战略部署；不仅看得到中国的现状，还看得见世界的局势，牢牢把握中国和世界的关系，并及时调整外交战略，这种登高望远的胸襟和气度正是他人生格局的体现。

　　井冈山斗争时期，毛泽东站在黄洋界哨口问一个战士，从这里你能看到哪儿？战士回答，可以看到江西和湖南。毛泽东却说，站在井冈山，还要看到全中国，看到全世界。正是因为有这样的胸怀，中国共产党人才能始终把人民放在第一位，把个人命运与国家、民族的命运紧密相连。

宏大的视野、辽阔的眼界、科学的理论指导，造就了毛泽东宽阔的人生格局。

——参见《人生格局如何放大》，《学习时报》，2020年6月1日。

材料二

大山里的女校校长张桂梅

张桂梅来自东北，却让人生绚烂绽放在彩云之南；她没有子女，却拥有1645个女儿；她身患数症，却顽强扛起大山女娃的希望；她获得了很多荣誉，却始终牢记初心。

张桂梅是云南省丽江市华坪县女子高级中学校长，她排除万难筹款创办全国第一所全免费女子高中，不忘初心用生命办学，送大山的孩子走出无知迈入学府，以信仰教育培养社会主义合格的接班人。

人们很容易看到张桂梅身上的坚韧和无私，而在这些优秀品质背后"运筹帷幄"的，是她宏大的格局。她不仅仅想做善事做好事，更想让"知识改变命运"的信仰翻越重重大山，照进现实。"让一个女生接受教育，会改变三代人"，她着眼的不仅是个体而且是更加宏观的蓝图，展现了她的眼界和胸襟。

——参见《大山深处，有位"校长妈妈"》，人民网，2020年7月9日。

思考题：

1. 你对格局的内涵是如何理解的？你理想中的人生格局具有什么特点？

2. 如何理解"有什么样的格局就有什么样的结局"？

二、返观内视

（一）困惑内照

结合熟读精思，简要回答以下问题：

1. 如何看待"格局有多大，舞台就有多大"？

2. 你觉得要如何提升人生格局？

（二）研讨检视

1. 如何看待"格局有多大，舞台就有多大"？

（1）讨论

为什么有的人遇到不开心、不顺心的事"点火就着"？遇事小肚鸡肠，斤斤计较，得理不饶人？在考验和变数面前总是选择放弃、逃避，从而陷入自暴自弃的恶性循环？

（2）点评

格局，可以理解为一个人的素养和品质的内在布局，主要体现为个体的眼光、胸襟、胆识等心理要素。一个人的发展如何，追根溯源，就会发现往往与他的胸怀和格局密切相关，如果人的格局太过狭隘，个人发展必然也会受其所限。试问一个做事斤斤计较、总是处在抱怨和愤怒之中，或者做事顾虑重重、畏首畏尾的人又如何能够担得起责任，成得了大事，创造人生价值？古人曾说，"谋大事者必要布大局"，一个人的格局就奠定了人生发展的基础和基调，影响着一个人前进的轨迹，因此在人生发展的道路上，我们要学习的并不仅仅是知识和技巧，如何谋划、如何布局对于下好人生这盘棋也尤为重要。大的人生格局，其实质是要求我们能够拓宽视野，能够从宏观的视角去把握整体的人生布局，这不仅需要我们能够站得更高、看得更远，更重要的是要有能够兼容天下的宽阔的胸怀。大的人生格局，能够引领着我们走向更宽广的境地，练就出独具一格的眼界和眼光。因此掌控了大格局，也就掌控了局势，把握住了人生。

2. 你觉得要如何提升人生格局？

（1）讨论

格局的内涵是什么？格局和哪些因素息息相关？怎样去培养和提升自己的人生格局？

（2）点评

格局到底指什么，是一个人的气度、胸怀、视野？这是值得我们每一个人思考的问题。若将格局划分等级，零格局者只能感受到幻象和噪声，高一级的格局下，人们会看到自己的能力和欲望，而真正拥有大格局的人看到的则是这个世界深处的真和美，是自我与世界、自我与整个人类之间的纽带。一个人的格局和他的知识涵养、人生历练、眼光胸怀都息息相关，涵养于他读过的书、走过的路、吃过的亏、受过的苦，影响着一个人的智慧、胆量、责任、气度、胸怀等等，可以说格局决定着我们能够到达的人生高度。因此，读万卷书，行万里路，去观察去学习去体验去尝试吧，学习与人交流的技巧，学习遏制情绪的爆发，学习理性看待一时的成与败、得与失，学习处优而不养尊、受挫而不短志，学会把顺境逆境都视作人生的财富，善用敏锐的眼光去洞察世事，善用真善美来雕琢品性，坚守内心的高洁操行和纯朴情感，这样我们才能不断地突破自己，使自己成为有大格局的人。

（三）体会返观

根据困惑内照和研讨检视，通过参与教学活动，分享自己的习得体会。

三、口诵心惟

（一）诵阅名言

君子不器。

——［春秋］孔子

孔子登东山而小鲁，登泰山而小天下。

——《孟子·尽心上》

山近月远觉月小，便道此山大于月。若人有眼大如天，还见山小月更阔。

——［明］王阳明

谋大事者，首重格局。

——［清］曾国藩

牢骚太盛防肠断，风物长宜放眼量。

——毛泽东

人的生命格局一大，就不会在生活琐碎中沉沦，真正自信的人，总能够简单得铿锵有力。

——余秋雨

天地专为胸襟开豁的人们提供了无穷无尽的赏心乐事，让他们尽情受用，而对于心胸狭窄的人们则加以拒绝。

——［法］雨果

一种对待他人的大方豁达态度不仅能给他人带来快乐，也使持这一态度的人获取快乐的巨大源泉，因为它使他受到普遍的喜爱和欢迎。

——［英］罗素

变更心境即能变更生活是我们近代伟大的发现。

——［美］詹姆斯

（二）哲理探讨

结合以上诵阅名言，探讨其中蕴含的哲理。

（三）分组演讲

结合诵阅名言及哲理探讨，参考以下角度开展分组演讲。

1. 对人生格局内涵的认识

（1）登高方能见远。

（2）枝叶参天，先明其大。

（3）人生格局，有容乃大。

（4）人皆知有用之用，而莫知无用之用。

2. 对格局层次的认识

（1）欲达高峰，必忍其痛。

（2）你的气度决定你的格局。

（3）宇宙之大难容志，晨露虽微能盛日。

（4）谋大事者首重格局。

3. 对格局与人生的认识

（1）格局的大小，决定人生的高度。

（2）格局有多大，舞台就有多大。

（3）格局成就人生境界。

（4）有什么样的格局，就有什么样的结局。

4. 对提升人生格局的方法的认识

（1）格物致知。

（2）转变格局，逆袭人生。

（3）万物得其本者生，百事得其道者成。

（4）明德是人生格局之本。

四、品评卓逸

（一）总结点评

1.哲理探讨的点评

格局观，是蕴藏于我国几千年悠久历史的文化精髓。从个人的发展和修为而言，格局体现的是一个人的眼界、胸襟、胆识等心理要素。格局不同，看问题的立场、审视的高度、思维的宽度、洞察的深度都不相同。有大格局者，内心必积淀了深厚的文化底蕴，具备宽阔的胸襟、高尚的品行、志存高远的品格等，并能做到知行合一。上述名言中，"谋大事者，首重格局""人的生命格局一大，就不会在生活琐碎中沉沦"强调了格局的重要性；"孔子登东山而小鲁，登泰山而小天下""若人有眼大如天，还见山小月更阔"道出了格局不同，站的高度便不同，看到的世界便不同；"君子不器""胸襟开豁""大方豁达"告诫了我们拥有宽广的眼界、建立大的人生格局的要求和方法。

大学时期是人生积累的重要阶段，我们不仅需要像海绵吸水一样汲取知识、力争上游，还要磨砺品性、构建好自己的人生格局。我们要认真领悟这些哲理名言的深刻含义，正确理解格局对人生的重要意义，探索人生格局的内涵和外延，在思索与求问中深刻把握立世之道，不断提升自我格局，使我们的人生获得升华和超越。

2.分组演讲的点评

本课演讲共从四个角度列出了16个具体题目，循序渐进，从对格局内涵的分析到格局与人生关系的认识，再到培养和提升格局的方法探讨，为大家梳理了清晰的逻辑，提供了演讲的思路。

在演讲的过程中，可以通过抛出问题、设置转折点、清晰而幽默的表达等技巧来辅助提升演讲的效果，也可以在结尾处，通过重复表达观点，打造金句，渲染气氛的方式画龙点睛，给听众留下深刻印象。

（二）习得品味

格局是什么？怎样提升人生格局？这可能不是我们熟悉的表达，但却是我们熟悉的问题，其实我们常常谈论的胸襟、品格、气度、态度等都是一个人格局的体现。

首先，关于格局是什么。正确地理解和把握格局的内涵，可以更好地指导我们提升人生格局。在生活中，我们常常听到不少名人轶事，他们当中有不囿于一己之私，凡事能够从大处着眼小处着手，从远处着想近处着力的人；有不沉沦在个人的得失之中，能够站在历史发展的高度审时度势，从全体人民的利益出发的人；有遇事明察秋毫，不仅能事事洞烛机先，还能时时超越当下，能够全面客观地去认知事实的人；有身处逆境"不以物喜，不以己悲""一蓑烟雨任平生"的人，这些都可谓是具备大格局的思想和行为的人。从他们身上捕捉到的珍贵品质启示我们：格局反映着一个人对人生的看法和为人处世的态度，涵盖了一个人的理想、信念、思维、眼界、气度、胸怀等要素，是一个人的精神追求和价值观的集中体现。

其次，关于怎样提升人生格局。怎样提升自我的人生格局呢？对于大学生而言，首先要思考如何树立正确的人生态度和道德认知，如何积极践行社会主义核心价值观、弘扬爱国主义，如何在顺境时做到心怀感恩、在遇到困难挫折时保持积极乐观的人生态度，如何锤炼不惧困难、不畏失败的勇气和心境等。其次，要从学习开始，品悟经典、静心修心，克服浮躁之气，并在学习中不断践行，学会用积极的思维方式处理问题、磨砺品性，逐步提升人生格局。人只有见多识广，才能在"谋事"和"心境"之中，不争私利、不传流言、顺境沉稳、逆境不惧、宠辱不惊，才能够敞开胸怀、放开眼界，站在高处俯瞰世界，拥有真正的人生大格局。

由此，通过本次内省，我们需要谨记：提升人生格局贵在学习、贵在实践、贵在自省内修，这样才能使我们眼界宽阔、心怀天下，成就不一样的人生。

（三）反思提升

围绕本次内省主题，在课后及以后日常生活中经常积极反思以下问题：

1. 我理解人生格局的内涵了吗？
2. 我建立了怎样的格局层次观？
3. 我离大格局还有多远？
4. 我知道怎样提升人生格局了吗？

担 当 篇

民族振兴是青年的责任

——青年为什么要有担当精神？

"凿开混沌得乌金，藏蓄阳和意最深。爝火燃回春浩浩，洪炉照破夜沉沉。鼎彝元赖生成力，铁石犹存死后心。但愿苍生俱饱暖，不辞辛苦出山林。"明代于谦的这首《咏煤炭》借煤炭自喻，表达了诗人心系国家和民族，自愿为国家和民族呕心沥血、奉献自我的高尚情怀。此诗托物言志，告诫世人应以社稷为重、为民效力。

毛泽东曾强调，世界归根结底属于朝气蓬勃的青年人，希望寄托在青年人身上。那么，作为新时代的接班人，青年身上到底肩负着怎样的责任？应具有怎样的担当精神？担当精神对青年的成长有怎样的重要意义？青年又如何担当起时代的重任？本专题试图与大家一起探讨上述问题。

一、熟读精思

（一）内省主题

新时代青年为什么要有担当精神？新时代青年如何担当起时代责任？

（二）线上熟读

书目：《民族复兴中国梦学习教育读本》《做担当民族复兴大任的时代新人》。

（三）精思感悟

阅读以下两则材料，结合线上熟读，个人独立思考，完成思考题。

材料一

"护梦人"格桑德吉

格桑德吉在大学毕业后主动放弃拉萨的工作，前往教学条件艰苦的帮辛乡小学教学。帮辛乡是墨脱县最后一个通公路的乡。该乡村常年频发山体滑坡、泥石流等自然灾害，因此，从未有过完整的路。为了劝学，她12年来天黑走悬崖，频繁往返于到处是泥石流、山体滑坡的道路上；为了孩子们不停课，别村缺老师时，她不顾六个月身孕，背起糌粑上路；为了学生平安回家，每年道路艰险、大雪封山时，作为校长的她跟男老师一样，溜铁索、趟冰河、攀峭壁，把四个月才能回一次家的学生们平安送到父母的身边。在她的不懈努力下，门巴族孩子从最初失学率 30% 变为入学率 100%。12 年来，她教的孩子中有 6 名考上大学、20 余名考上大专、中专，而她自己的孩子却留在了拉萨，一年才能见一次。村民们亲切地称她为门巴族的"护梦人"。

听来艰苦，格桑德吉却甘之如饴。"与艰苦相比，还是欣慰多一点。"她如是说道。

——参见《门巴族的"护梦人"——格桑德吉》，中国西藏新闻网，2020 年 12 月 18 日。

材料二

青春力量在战疫中崛起

从未想过，"90 后"会以这样的方式，来到聚光灯下。

和 17 年前一样，疫情突如其来，但这一次，守护大家的，是当年被守护的那群孩子。他们白衣逆行，奋战在救治一线；他们挺身而出，承担起志愿服务；他们坚守不退，阻挡住疫情传播，在战疫的最前线，到处都有"90 后"的身影。

事不避难，义不逃责，在这场万众一心阻击疫情的战斗中，我们看到了"90 后"的勇气与担当。这些年轻的面容，洋溢着朝气，也写满了坚毅。心怀家国、肩负使命，青春力量在战疫中崛起。

"想让生命变得更有意义"

2 月 17 日，军队支援湖北医疗队队员、"90 后"姑娘常县荣和战友们搭乘高铁抵达武汉。彼时，这个被按了"暂停键"的城市显得格外安静。

常县荣所在的病区是重症科室，病人基本是生活不能自理的老年人。除了日常护理工作，常县荣和战友们还要为病人喂饭、换尿不湿，负责消杀病房、处理垃圾，工作无比繁重。她们一边开着玩笑，说忙起来像踩了"风火轮"，一边日复一日，事无巨细地照顾每一位患者。

"任务来了，就义无反顾"

2019 年 12 月的一个凌晨，湖北省疾病预防控制中心传染病防治研究所专业技术人员、国家卫生应急队队员刘漫接到疫情处置命令，参与第一批防控工作，第二天一早，她便出发前往华南海鲜市场进行流行病学调查。

面对未知的疾病，刘漫背着包在华南海鲜市场及其周边小诊所一遍一遍走访、记录，调查感染的可能来源，找寻第一批重要线索。

与传染病打交道，刘漫坦言自己也会害怕。但她深知自己的工作对控制疫情的意义："这是我们疾控人的使命，任务来了，就义无反顾。"

"年龄不是成熟的标志，担当才是"

1 月 23 日，武汉封城，江汉区北湖街建设社区副主任徐智鹏接到命令回社区值班。出于安全考虑，他第一时间让妻子带着儿子回了娘家，自己留下和 6 名同事一起，开始了艰难的战疫。

徐智鹏今年 29 岁，是街坊眼中的"年轻伢"。可担子落下来，总要有人去扛。

"这时候谁都能退，党员不能退。作为党员，我必须顶上。"徐智鹏说。

抗击疫情是时代给"90后"的一次大考。不负青春，砥砺前行，"90后"正以昂扬的姿态，走向舞台中央。

——参见《青春力量在战疫中崛起》，《光明日报》，2020年5月18日。

思考题：

1. 你认为责任和担当对青年的成长有何重要意义？

2. 新时代青年应具有什么样的担当精神？

二、返观内视

（一）困惑内照

结合熟读精思，简要回答以下问题：

1. 青年为什么要有担当精神？

2. 青年最大的责任和担当是什么？

3. 新时代青年如何担当起时代责任？

（二）研讨检视

1. 青年为什么要有担当精神？

（1）讨论

何为责任担当？你认同"负责任最苦，尽责任最乐"吗？担当尽责对青年成长有何重要意义？

（2）点评

责任担当有大有小，既可以是为家庭谋生计而奔波劳累，也可以是为国家谋发展而夙夜在公，但在本质上，责任担当体现的是一个人的人生态度和理想追求。责任担当意味着需要为他人、为社会做更多的付出，付出意味着个人做出了某些牺牲，因此从过程上看是"苦"的，但正是这些无数的"苦"，才使我们感受到了个人价值实现的"甜"，才托举起了每个人的幸福人生。也正是这无数的"苦"，推动着历史的巨轮滚滚向前，造就了辉煌灿烂的人类文明。青年在担当尽责中既磨砺和提升了自我，更推动着国家走向繁荣富强。

2. 青年最大的责任和担当是什么？

（1）讨论

青年在勇于担当尽责上具有怎样的优势？为什么说民族振兴是青年的责任？

（2）点评

青年人是朝气蓬勃、活力无限和富有梦想的一代。他们敢想敢为、敢作敢当，具有担当尽责的饱满激情、昂扬斗志和坚韧毅力。在推动中国向前发展的历史进程中，涌现出一大批坚持不懈地追求美好梦想、不遗余力地勇挑重担，永不言败、尽责担当的青年人，他们尽情挥洒汗水、永葆奋斗本色，为民族振兴、国家发展而努力拼搏，加快了中国前进的步伐。未来，青年人也要勇挑重担，走在时代前列，为国家发展、民族振兴继续注入强大动力和活力。如此，中国才能实现跨越式发展，走向世界舞台中央，巍然屹立于世界民族之林。

3. 新时代青年如何担当起时代责任？

（1）讨论

新时代青年需要有哪些担当精神？新时代青年应如何担当起时代责任？

（2）点评

一代人有一代人的长征，一代人有一代人的担当。当前，中华民族正处于实现民族伟大复兴的关键时期，实现民族复兴迫切需要广大青年锤炼坚贞不渝的民族担当、公而忘私的为民担当、百折不挠的改革担当、兢兢业业的职责担当等精神。勇于担当是新时代青年最珍贵的精神品质，但勇于担当既不是一时兴起，也绝非口号喊得震天响，而是需要脚踏实地地舍弃小我、顾全大我，把个人价值融入社会价值之中，为中华民族伟大复兴而矢志奋斗，奉献青春年华。

（三）体会返观

根据困惑内照和研讨检视，通过参与教学活动，分享自己的习得体会。

三、口诵心惟

（一）诵阅名言

士不可以不弘毅，任重而道远。

——《论语》

鞠躬尽瘁，死而后已。

——［三国］诸葛亮

故今日之责任，不在他人，而全在我少年。

——梁启超

愿中国青年都摆脱冷气，只是向上走，不必听自暴自弃者流的话。能做事的做事，能发声的发声。有一分热，发一分光，就令萤火一般，也可以在黑暗里发一点光，不必等候炬火。

——鲁迅

天下者，我们的天下；国家者，我们的国家；社会者，我们的社会；我们不说，谁说？我们不干，谁干？

——毛泽东

我们是国家的主人，应该处处为国家着想。

——雷锋

这世界属于青年，就让青年改变世界！

——钟南山

一个人若是没有热情，他将一事无成，而热情的基点正是责任心。

——［俄］列夫·托尔斯泰

社会犹如一条船，每个人都要有掌舵的准备。

——［挪威］易卜生

要使一个人显示他的本质，叫他承担一种责任是最有效的办法。

——［英］毛姆

（二）哲理探讨

结合以上名言，探讨其中蕴含的哲理。

（三）分组演讲

结合诵阅名言及哲理探讨，参考以下角度开展分组演讲。

1. 对新时代青年肩负使命与责任的认识

（1）担当是一种责任，担当是一种态度。

（2）胸怀与担当。

（3）天下者，我们的天下。

（4）不做时代的看客。

2. 对新时代青年担当精神必要性的认识

（1）时代呼唤担当。

（2）责任，堪为青年的脊梁。

（3）如果青年都"向上走"。

（4）责任在身，苦尽甘来。

3. 对新时代青年与民族振兴关系的认识

（1）青年者，国之魂也。

（2）青年兴则国兴，青年强则国强。

（3）铁肩担道义。

（4）担责成就自我，助力中国。

4. 对新时代青年如何担当时代重任的认识

（1）用担当的能力履行担当的责任。

（2）尝负责之苦，品尽责之甜。

（3）有一分热，发一分光。

（4）在担当中历练，在尽责中成长。

四、品评卓逸

（一）总结点评

1. 哲理探讨的点评

广大青年是国家未来的主人，是时代新人的主体，肩负着国家的前途和民族命运，应时刻急国家之所急，想国家之所想。在上述名言中，"士不可以不弘毅，任重而道远""这世界属于青年，就让青年改变世界""故今日之责任，不在他人，而全在我少年""我们是国家的主人，应该处处为国家着想"道出了青年担当精神的必要性；"天下者，我们的天下"强调了新时代青年应担当什么样的责任；"在黑暗里发一点光，不必等候炬火""鞠躬尽瘁，死而后已"等阐述了青年应具有怎样的担当精神和如何磨砺担当精神。

我们要自觉从这些名言警句中汲取营养，正确认识自己肩负的使命，全面提高自身素质，从而勇敢担负起时代赋予的伟大责任。

2. 分组演讲的点评

本课演讲共从四个角度列出了16个具体题目。这四个角度从理论认知到实践践行，层层递进，丝丝相扣，具有一定的内在逻辑。深刻理解其中逻辑、准确把握各题含义是建构好演讲线索和内容的基础。

在具体演讲中，通过旁征博引和自己亲身体验来进行解释和说明，既能有效地阐述观点、说明道理、折服听众，又能让演讲内容翔实、内涵深刻、形式活泼，打动听众。当然，细致的论据准备、充分的个人自信以及必要的演讲技巧训练亦能辅助提升演讲的整体效果和水平。

（二）习得品味

新时代青年为什么要有担当精神？新时代青年如何担当起时代责任？这是每个青年大学生必须直面、思考和回答的问题，对于以上两个问题的思考和回答关乎着个人的成长成才、关乎着中华民族的振兴和崛起。通过本次课的内省，当我们试图重新去回答这些问题的时候，以下几点是值得再次细细品味的。

首先，关于新时代青年为什么要有担当精神。讨论青年为什么要有担当精神，是青年勇担时代重任的前提。对此，我们可以从责任担当的含义、担当尽责对青年成长的重要意义以及时代的发展和要求等方面去探讨。马克思认为，确定的、现实的人，一定会有规定，有使命，有任务，至于是否意识到这一点，那都是无所谓的。这个任务是由人的需要及其与现存世界的联系而产生的。因此，担当尽责是维系社会秩序、引导人们在共同意志的基础上，协力推进社会发展的精神保障，也是人们融入社会、建设社会的动力牵引。新时代青年理应担当起民族复兴的时代责任，也只有在为国家和民族发展的勇于担当尽责中，才能最终实现自身的人生价值和幸福追求。

其次，关于新时代青年如何担当起时代责任。讨论新时代青年如何担当起时代责任，涉及以下几个方面：一是新时代青年需要有哪些担当精神；二是新时代青年应如何磨砺自己的担当精神；三是新时代青年应如何践行担当精神。对此，我们可以结合时代主题、历史使命、青年责任、价值实现等方面去探讨，从而不断增强责任感，明确自身对于国家和人民的责任，自觉把个人命运融入国家命运、把个人发展与国家发展相联系，积极练就过硬本领、投身伟大事业、矢志担当尽责，在奋力拼搏中绽放青春光芒，堪当时代大任，在勇于磨砺中奔跑逐梦，实现人生出彩。

由此，通过本次内省，我们需要谨记：作为新时代的大学生，一定要胸怀远大抱负，勇担时代重任，以坚韧不拔的信念、拼搏向上的激情、勇于创新的胆魄、脚踏实地的干劲，在"时不我待、只争朝夕"的紧迫感和使命感中奋力谱写更加壮美的青春业绩，同全国人民共筑磅礴伟业。

（三）反思提升

围绕本次内省主题，在课后及以后日常生活中经常积极反思以下问题：

1. 我全面理解责任和担当的含义了吗？

2. 我做到"有一分热，就发一分光"了吗？

3. 我在担当中历练，在尽责中成长了吗？

4. 我做到把民族振兴作为自己的最大责任和担当了吗？

初生牛犊不怕虎，越是艰险越向前

——青年如何保持刚健勇毅？

　　"夫夷以近，则游者众；险以远，则至者少。而世之奇伟、瑰怪，非常之观，常在于险远，而人之所罕至焉，故非有志者不能至也。"宋代王安石创作的《游褒禅山记》谆谆教诲众人：只有不断地进行探寻尝试，敢于一马当先，才能欣赏最美丽的风景和成就最出彩的人生。

　　人生之路，坎坷不断、荆棘丛生。当我们遇到困难之时，是一味地怨天尤人、自暴自弃，还是永不言败、迎难而上呢？当困难或挫折来临之时，我们是否能够始终做到怀揣梦想，笃定前行呢？如何才能始终保持一份"初生牛犊不怕虎、越是艰险越向前的刚健勇毅"呢？本专题试图与大家一起探讨上述问题。

一、熟读精思

（一）内省主题

青年为什么要保持刚健勇毅？青年如何保持刚健勇毅？

（二）线上熟读

书目：《刚健有为：自强不息与勇毅力行》《将来的你，一定会感谢现在拼命的自己》。

（三）精思感悟

阅读以下两则材料，结合线上熟读，个人独立思考，完成思考题。

材料一

青年榜样杜富国

　　2018 年 10 月 11 日下午，扫雷战士杜富国在突发的爆炸中，为保全战友，失去了双眼和双手。

　　没有双手双眼，还能做什么？杜富国在负伤后直面挫折，迎难而上，立志服务社会，力争做有意义的事和做有用的人。他与伤残顽强斗争，牙齿和脚掌并用，自己穿衣脱衣和洗脸吃饭，以顽强毅力提高自身生活自理能力。他坚持体能训练，用残臂做平板支撑、在跑步机上跑步。他听书学知识、拜师学播音、练习写字、学唱歌曲，努力提高综合素质。他乐观开朗、刚健勇毅的精神感动了全中国，大家为他加油鼓劲，却始终被他激励；想给予他力量，却始终从他身上汲取力量。他被网友称赞为新时代的保尔·柯察金。

——参见《"时代楷模"杜富国：让我来，敢担当》，求是网，2019 年 7 月 4 日。

材料二

征服星辰大海的中国首位女宇航员

空军长春飞行学院的新生刘洋同学为了早日实现飞行梦想，历尽艰辛，比别人付出了更多的血汗。每天晨练时，她始终比别人多跑 2 千米，刮风下雪也从未阻挡她前进的步伐。第一次跟部队野营拉练，她的脚掌虽然被磨出了水泡，但倔强的她不上"医疗车"，强忍着疼痛，艰难地前行。70 多千米的拉练结束后，她脚上的水泡均粘连在一起，医生只能含着泪全部切除她脚底板的表皮。

初生牛犊不怕虎的猛劲和不服输的坚毅，让刘洋更能忘却痛苦而去追求远方。2010 年，在中国首批女航天员队伍里出现了她的身影。航天员的近百个训练科目都挑战人类的极限，其中常见的"离心机训练"，要求人在上面被高速旋转，不仅不能动弹，还承受巨石一样的压力。但她面对困难，始终相信坚持的力量。她的付出没有被辜负，她和最优秀的男航天员一样，冲破转椅障碍，承受 8 个 G 的过载（8 倍于自己的质量），头脑可以清醒沉着地处理复杂多变的环境带来的问题。

2012 年 6 月 16 日 18 时 37 分，随着神舟九号一飞冲天，中国首位女宇航员刘洋终于向世人证明：天梯无捷径，唯有苦攀登。时间能检验一切。她笑得最灿烂，因为她付出过最艰辛的汗水。

——参见习人：《女航天员刘洋的自我坦白 不拿女性当借口》，中国航天网，2012 年 7 月 5 日。

思考题：

1. 如何理解"苦才是生活，拼才是人生?"
2. 青年如何保持刚健勇毅？

二、返观内视

（一）困惑内照

结合熟读精思，简要回答以下问题：

1. 如何看待"初生牛犊不怕虎，越是艰险越向前"？
2. 如何看待"曲折与磨砺相伴，成长与提高同行"？

（二）研讨检视

1. 如何看待"初生牛犊不怕虎，越是艰险越向前"？

（1）讨论

面对荆棘载途时，我们是直面困难、迎难而上，还是视探寻尝试为畏途、把负重涉远当吃亏而一味地逃避责任呢？

（2）点评

强者，总是永不言弃，从无数次的失败和困难中不断茁壮成长和强势崛起。一切害怕困难、害怕吃亏，具有逃避责任的思想和行为都不可取，都是难以成大事，也是难以体会到人生乐趣的。新时代的青年应敢作敢为、敢想敢干、敢闯敢试，应保持初生牛犊不怕虎的闯劲干劲、越是艰险越向前的韧劲心劲，于此，我们的民族才有无限的希望，我们的国家才有无限的力量。

2. 如何看待"曲折与磨砺相伴，成长与提高同行"？

（1）讨论

我如何看待困难挫折？我将如何成长？

（2）点评

实践证明，重大的灾难也无法阻挡历史的巨轮滚滚向前，中华民族伟大崛起的背后是历经沧桑和饱受磨难，但她没有放弃，一步步在艰难困苦中成长、在磨难中奋起。对于青年来说，亦是如此，因为温室成长的苗木无论如何都难以成长为参天大树，重压之下才有动力，高压之下才能成长。青年唯有坚定信念、顽强拼搏、迎难而上、矢志奋斗，方能在千锤百炼中增长才干和本领，方能走在时代前列，向全面建成社会主义现代化强国进军。

（三）体会返观

根据困惑内照和研讨检视，通过参与教学活动，分享自己的习得体会。

三、口诵心惟

（一）诵阅名言

天行健，君子以自强不息；地势坤，君子以厚德载物。

——《周易》

天将降大任于斯人也，必先苦其心志，劳其筋骨，饿其体肤，空乏其身，行拂乱其所为。

——［战国］孟子

路漫漫其修远兮，吾将上下而求索。

——［战国］屈原

骐骥一跃，不能十步；驽马十驾，功在不舍。锲而舍之，朽木不折；锲而不舍，金石可镂。

——［战国］荀子

精感石没羽，岂云惮险艰。

——［唐］李白

古来贤俊多坎坷，道与世违胡足诧。

——［南宋］陈傅良

宝剑锋从磨砺出，梅花香自苦寒来。

——［明］冯梦龙

青年之字典，无"困难"之字；青年之口头，无"障碍"之语；惟知跃进，惟知雄飞，惟知本其自由之精神，奇僻之思想，锐敏之直觉，活泼之生命，以创造环境，征服历史。

——李大钊

（二）哲理探讨

结合以上名言，探讨其中蕴含的哲理。

（三）分组演讲

结合诵阅名言及哲理探讨，参考以下角度开展分组演讲。

1. 对刚健勇毅的总体认识

（1）刚健而文明，应乎天而顺乎人。

（2）天行健，君子以自强不息。

（3）初生牛犊不怕虎。

（4）勇挑重担、勇克难关、勇斗风险。

2. 对青年时期与艰难险阻关系的认识

（1）人生的成长之路荆棘丛生。

（2）成长与挫折不可分割。

（3）我的一段吃苦经历。

3. 对青年保持刚健勇毅必要性的认识

（1）惟其艰难，方显勇毅。

（2）惟其笃行，弥足珍贵。

（3）惟其磨砺，始得玉成。

4. 对青年保持刚健勇毅途径的认识

（1）正确看待困难。

（2）迎难而上、挺身而出。

（3）保持积极的心态。

（4）永不气馁，越挫越勇。

四、品评卓逸

（一）总结点评

1. 哲理探讨的点评

中华民族在几千年连绵发展的历史长河中，从来不是一帆风顺的，而是历经沧桑和饱受磨难。她从来没有自暴自弃，也从来没有怨天尤人，始终迎难而上、愈挫弥坚，砥砺前行。在中华民族不断奋进的过程中，青年始终与民族同呼吸、与国家共命运，持续在磨难中成长、从磨难中奋进。在上述名言中，"天将降大任于斯人也，必先苦其心志""古来贤俊多坎坷"等名言道出了青年在成才的过程中遇到艰难险阻的必然性，"驽马十驾，功在不舍""宝剑锋从磨砺出，梅花香自苦寒来"强调了青年保持刚健勇毅的必要性,"路漫漫其修远兮,吾将上下而求索"则指出了青年保持刚健勇毅的途径。

在全面建设社会主义现代化强国的新征程中,需要一大批迎难而上、奋勇向前、具有担当精神的青年人。从国家发展看,如果青年都冲锋在前、勇挑重担、攻坚克难,中华民族就能充满潜力和希望,国家就有前进的力量和美好的未来。从个人成长看,青年只有经历风雨的洗礼和磨难的考验,才能真正成长成才。我们要自觉从这些名言警句中汲取营养,正确认识艰难险阻,明白温室中成长的苗木无论如何都难以成长为参天大树,个体也只有经过挫折和磨难才会变得更加坚强,只有经过千锤百炼,才能增长才干和本领。

2. 分组演讲的点评

本课演讲共从四个角度列出了 14 个具体题目。这四个角度从理论到实践层层递进,具有一定的内在逻辑。深刻理解其中逻辑、准确把握各题含义是建构好演讲线索和内容的基础。

在具体演讲中,通过旁征博引和自己亲身体验来进行解释和说明,既能有效地阐述观点、说明道理、折服听众,又能让演讲内容翔实、内涵深刻、形式活泼,打动听众。当然,细致的论据准备、充分的个人自信以及必要的演讲技巧训练亦能辅助提升演讲的整体效果和水平。

(二) 习得品味

青年为什么要保持刚健勇毅?青年如何保持刚健勇毅?这是每个青年必须面对和回答的问题,对这个问题的思考和回答既关乎个人的成长进步,也关乎中华民族的伟大复兴。而通过本次课的内省,当我们试图重新去回答这些问题的时候,以下几点是值得再次细细品味的。

首先,关于青年为什么要保持刚健勇毅。讨论青年为什么要保持刚健勇毅,是思考青年如何保持刚健勇毅的前提。我们可以从中华民族就是在磨难中历练、在磨难中崛起,以及在前进的征程中,青年面临的困难和挫折会越来越复杂,甚至会遭遇难以预料的惊涛骇浪等方面进行探讨。通过探讨可得知,新时代青年唯有保持刚健勇毅,方能在磨难和风险中不断茁壮成长,从而敢于出击、迎接挑战、勇往直前,实现伟大梦想。

其次,关于青年如何保持刚健勇毅。对于青年如何保持刚健勇毅,可以从正确看待困难、直面困难、保持积极心态、矢志笃行四个方面去探讨。通过探讨可得知,广大青年只要正确看待困难,用直面困难的勇气去鞭策自己,用坚定的信念去激励自己,用积极的心态去引导自己,做起而行之的践行者,那么哪怕我们遇到惊涛骇浪,哪怕泰山崩于面前,我们都有战胜困难的勇气,敢于用奋斗去创造我们的幸福生活,实现自己的人生价值。

由此,通过本次内省,我们需要谨记:人生成长的道路不会风平浪静,往往波涛翻滚。重压之下才有动力,高压之下才能成长。青年的成长无捷径可走,唯有坚定信念、顽强拼搏、迎难而上、矢志奋斗，才能在摸爬滚打中增长才干，在千锤百炼中成长成才。广大青年要不畏艰险，勇立时代潮头，走在时代前列，争做时代先锋，保持刚健勇毅，用青春、汗水和智慧创造出新的奇迹！

（三）反思提升

围绕本次内省主题，在课后及以后日常生活中经常积极反思以下问题：

1. 我做到始终怀揣希望、保持乐观了吗？

2. 我保持"初生牛犊不怕虎，越是艰险越向前"的刚健勇毅了吗？

3. 我做到迎难而上、挺身而出了吗？

4. 我做到不断奋起、永不气馁了吗？

道有夷险，履之者知

——如何理解实践出真知？

"盖闻物有甘苦，尝之者识；道有夷险，履之者知。是以宴安日久诘戎兵，而听者忽忽；老成人丧语典形，而闻者嗤嗤。"明代刘基在《拟连珠》中感叹道，东西是甜是苦，尝一尝便会知道，道路是否平坦，走一走便会知道。凡事只有亲身实践，才能真正地认识、理解和掌握。

同学们从小学到大学，长期注重于书本知识的学习，相比之下，实践锻炼尤其是社会实践的机会较少。而实践出真知，学习的目的在于学以致用，造福社会。新时代青年应该如何理解实践出真知？应该培育什么样的实践精神？应该如何提升自身的实践能力？本专题试图与大家一起探讨上述问题。

一、熟读精思

（一）内省主题

如何理解实践出真知？青年如何在勇于实践中提升自我？

（二）线上熟读

书目：《实践论》《李四光：信仰的力量》。

（三）精思感悟

阅读以下两则材料，结合线上熟读，个人独立思考，完成思考题。

材料一

坚持不懈追求真理的李四光

李四光先生是我国老一辈地质学家之一，对地质学的许多分支学科做出了重要贡献。他建立了地质力学，并以发现中国第四纪冰川而闻名于世。作为一个科学家，他强调一个地质工作者首先要做好野外工作，一切地质假说和理论必须以事实为依据。

李四光教授对中国东部第四纪冰川现象的研究跨时约半个世纪，可划分成四个时期。第一个时期是 20 世纪 20 年代初。他在太行山进行地质考察时，在河北沙河境内发现第四纪冰川形成的泥砾和条痕石。在山西大同发现 U 形谷。这些他都进行了报道，但当时没有得到地质学界的承认。当时他集中精力研究纺锤虫化石，对第四纪冰川遗迹没有予以更多的注意。第二个时期是20世纪30年代，这时他家住南京，主持中央研究院地质研究所的工作，夏季常到江西庐山避暑，有充分的机会和时间接触到山上的冰碛物和冰流现象。他花了几个暑假，详细观察了山上和山下的冰川地貌和冰川沉积，发表了论文，后来还出版了专著《冰期之庐山》，引起了国内外学者的广泛重视。为了印证他在庐山的观察结果，他曾沿江而下，考察鄂东、皖南、苏南、浙西的许多地点的冰期沉积。在黄山他发现典型的 U 形谷和谷壁上的"清晰的冰蚀和擦痕遗迹"，确定了黄山第四纪冰川之存在。第三个时期是抗日战争期间，他已过知天命之年，还仆仆风尘，不畏艰险，长途跋涉，攀登于鄂西、川东、湘西和桂北的山区，追踪冰川现象，并在贵州高原上进行了比较详细的观察，先后发表了几篇论文和报告。第四个时期是新中国成立以后，20世纪50—60年代，他虽然长期住在北京，但将冰川问题始终放在心上，于古稀之年还到西山等地进行实地考察，同时成立了"中国第四纪冰川遗迹研究工作中心"，每年召集会议，听取青年学者的汇报，老、中、青三代学者济济一堂，互通信息，交换意见，讨论问题。

综上所述，可以看出，李四光教授对第四纪冰川的研究确实投入了很长时间，花费了很大精力。这种终生不懈地追求真理的精神值得我们学习。

——参见黄汲清：《简谈李四光教授追求真理的精神》，载于《第四纪研究》1989 年第 3 期，第 14 页。

材料二

太行山上"新愚公"

35 年如一日扎根太行山，用科技把荒山秃岭抛进历史，把绿水青山留给未来；每年进山"务农"超过 200 天，起早贪黑，钻沟爬岭，研究课题，为群众脱贫探索出路——他就是河北农业大学林学院教授、"人民楷模"、开创山区扶贫新路的太行山上"新愚公"李保国。

为了帮助邢台市岗底村百姓致富，李保国潜心研究出 128 道苹果标准化生产管理工序。仅苹果种植这一项，村民人均年收入就从不足百元达到 3 万多元。为了能让学生们更好地做到理论实践相结合，李保国把大批学生"赶"到田间地头去。

他常说："搞科研就要像农民种地一样，春播秋收，脚踏实地。扎不进泥土地，就长不成栋梁材。"长期的科研工作，大量的科研成果，丰富的实践经验，使李保国最了解学科的前沿、农村的需要、果农的期盼。他及时把自己的科研成果和在实践中获得的经验充实到教学内容中，把生产一线的信息及时更新在教材和授课中。30 余年间，李保国先后完成山区开发研究成果 28 项，让 140 万亩荒山披绿，帮助 10 万农民甩掉了"穷帽子"。

——参见《李保国：太行山上的"新愚公"》，《光明日报》，2020 年 6 月 18 日。

思考题：

1. 为什么说实践出真知？

2. 新时代青年应当培育什么样的实践精神？

二、返观内视

（一）困惑内照

结合熟读精思，简要回答以下问题：

1. 如何看待"先学习后实践"的观点？

2. 如何通过实践来提升自我？

（二）研讨检视

1. "先学习后实践"的观点对吗？

（1）讨论

有的同学认为学生的天职是学习，在校期间就应该专心读书，没必要浪费时间去参加各类实践活动。只需认真学习，不用参与实践的观点对吗？学习与实践有什么样的关系？我们应该采取什么样的态度去对待实践呢？

（2）点评

大学是人生的一个重要的舞台，大学时光既短暂又美好。在这个过程中，不仅要认识到大学期间认真学习的重要性，而且要认识到学习的方式有多种，既包括教室里的学习，还包括操场上的体育锻炼、实验室里的实践教学、校内外兼职、社团活动、文娱活动、志愿服务等，学习是不受区域限制的。马克思主义认识论指出，认识从实践中产生，随实践的深入而不断发展，认识的根本目的是指导实践，认识的真理性也只有通过实践才能得到检验和证明。大学生参加各类实践活动，不仅可以加深对书本知识的理解，而且可以验证所学知识正确与否，好比一个人学游泳，诀窍掌握得再多，不去实践，终究是纸上谈兵，只有亲自下水反复实践，才能真正学会游泳。实践的作用不容小觑，我们一定要充分认识和理解实践的作用和意义，从而为学习和生活增添光彩。

2. 如何通过实践来提升自我？

（1）讨论

大学生为什么要参与实践？参与实践的方式有哪些？怎样提升自身的实践能力？

（2）点评

大学生认识和了解事物的途径大多为书本，而世情、国情、民情和社会的复杂程度，远不是读几本书、听几场讲座、看几条新闻就能深入了解的。当今社会需要高素质综合型人才，这就要求新时代大学生应当具备实践精神和良好的实践能力，而社会实践是大学生接触社会、了解社会、服务社会和认识自己、磨炼自己、提高自己的重要途径。"世事洞明皆学问，人情练达即文章。"参加社会实践，可以帮助大学生提高思想觉悟和技能水平，增长和巩固专业知识，完善个性品质，更重要的是可以增强他们的历史使命感和社会责任感，帮助其树立正确的世界观、人生观、价值观。大学生参与实践的方式多种多样，在所有的实践形式中，社会实践是他们了解社会、提升自己的最直接、最有效的途径，如参与暑期实习、参加社会调查和社会服务、进行课外科技活动和课外创业活动等。通过参与这样的一些社会实践活动，可以很好地帮助大学生提升自身的实践能力和创造能力，进而使其德智体美劳全面发展。

3. 新时代青年应当培育什么样的实践精神？

（1）讨论

在实践中遇到困难和挫折怎么办？新时代青年应当培育什么样的实践精神？

（2）点评

社会实践是人类不断认识世界、改变世界的过程。在实践过程中难免会遇到一些困难和挫折。在遇到困难和挫折时，我们需要保持冷静的态度，客观分析自己失败的原因，寻找科学的解决办法。通过发现问题、分析问题、解决问题，培养独立思考的习惯，磨炼自身的意志，进而提升实践能力和社会竞争力。而在校大学生往往还会遇到理论学习与社会实践冲突的问题，这就需要科学安排，统筹兼顾，充分利用课余时间参加实践锻炼，不能有勇无谋、鲁莽行事、"打乱仗"，导致顾此失彼。新时代青年应敢于实践、热爱实践，大胆突破陈规，善于探索尝试，培养吃苦耐劳和勇于创新的实践精神，从而自觉把理论与实践结合起来，把个人利益、集体利益和国家利益有机统一起来，把青春投入服务祖国和人民的生动社会实践之中。

（三）体会返观

根据困惑内照和研讨检视，通过参与教学活动，分享自己的习得体会。

三、口诵心惟

（一）诵阅名言

不登高山，不知天之高也；不临深溪，不知地之厚也。

——［战国］荀子

耳闻之不如目见之，目见之不如足践之。

——［西汉］刘向

不驰于空想，不骛于虚声。

——李大钊

行动是思想的母亲。

——陶行知

一切真知都是从直接经验发源的。

——毛泽东

实践是检验真理的唯一标准。

——胡福明

实践，是个伟大的揭发者，它暴露一切欺人和自欺。

——［俄］车尔尼雪夫斯基

行动是通往知识的唯一道路。

——［英］萧伯纳

知识是宝库，但开启这个宝库的钥匙是实践。

——［英］托·富勒

（二）哲理探讨

结合以上名言，探讨其中蕴含的哲理。

（三）分组演讲

结合诵阅名言及哲理探讨，参考以下角度开展分组演讲。

1. 实践出真知的含义

（1）实践是智慧的源泉。

（2）熟能生巧。

（3）实践发展永无止境。

（4）在实践中创造有意义的人生。

2. 对实践认识论的理解

（1）行是知之始，知是行之成。

（2）实践是认识发展的动力。

（3）行动是思想的母亲。

（4）目见之不如足践之。

3. 实践精神的培育

（1）一切从实际出发。

（2）千里之行，始于足下。

（3）宝剑锋从磨砺出。

（4）事实胜于雄辩。

4. 实践能力的提升

（1）做勇敢的践行者。

（2）如何践行知行合一？

（3）说老实话，做老实人，办老实事。

（4）投身社会实践，争做时代新青年。

四、品评卓逸

（一）总结点评

1. 哲理探讨的点评

马克思主义认为实践在人类生活中具有基础和根本的地位，实践构成了全部社会生活的基本方式。在我国传统文化中，也有众多体现实践重要地位和作用的圣贤名言。这些都有助于加深我们对实践的认识和理解。在上述名言中，"不登高山，不知天之高也；不临深溪，不知地之厚也""实践是检验真理的唯一标准"道出了实践的作用。"行动是思想的母亲"阐明了实践的重要性。"行动是通往知识的唯一道路"阐明了实践对认识的决定性意义。"目见之不如足践之"表明了实践的重要地位。

我们要自觉从这些名言警句中汲取营养，正确认识实践的作用，深刻把握实践的重要性，全面提升自身的综合素质，并通过实践来不断提升自身的认知水平和认识能力。

2. 分组演讲的点评

本课演讲从四个角度展开论述，深刻理解其中逻辑，准确把握各题含义是建构好演讲线索和内容的基础。在具体演讲中，引用经典哲理、引述成功案例能使演讲内容更加生动、论据更加确凿。结合自己的亲身经历谈体会有利于贴近实际、增强感染力。当然，细致的论据准备、充分的个人自信以及必要的演讲技巧训练亦能辅助提升演讲的整体效果和水平。

（二）习得品味

为什么说实践出真知？新时代青年要培养什么样的实践精神，又如何提升自身的实践能力？这些都是我们必须去思考的问题，对这些问题的思考和回答不仅关系到大学生自身的发展，更关系到祖国未来的发展。而通过本次课的内省，当我们试图重新去回答这些问题的时候，以下几点是值得再次细细品味的。

首先，关于如何理解实践出真知。思考为什么实践出真知是明确培育什么样的实践精神的前提。实践在不同的领域显示出不同的研究价值和意义。在哲学领域，马克思主义认识论明确指出实践是认识的来源，是认识发展的动力，也是认识的目的，同时还是检验认识是否具有真理性的唯一标准。实践的观点是马克思主义认识论的基本的观点。在文学领域，实践的重要性也得到了反复的确证。最有代表性的论述有陆游的"纸上得来终觉浅，绝知此事要躬行"，荀子的"不登高山，不知天之高也；不临深溪，不知地之厚也"。当代大学生只有深刻理解学习和实践的关系，才能进一步提升自己的认知水平和认识能力，从而更好地实现自己人生的价值和人生目标。

其次，关于新时代青年应当培育什么样的实践精神。讨论新时代青年应当培育什么样的实践精神是帮助大学生提升实践能力并最终实现自己人生价值的前提。

对于这一问题，可以从贯穿实践精神宗旨的"知行合一"角度去思考。作为当代青年，我们不仅要学好书本知识，更要践行好书本知识，为国家和民族的发展贡献自身的力量。这就要求我们既要有扎实的理论基础，努力掌握更多的科学文化知识，也要不断深入实践中，检验自己的知识，锻炼自己的能力，提升综合素质和专业能力，为今后迈入社会打下坚实的基础。新时代是奋斗者的时代，我们都肩负着重大的历史使命。"空谈误国，实干兴邦。"这就要求我们从身边小事做起，从一点一滴做起，自觉做到学思用贯通、知信行统一，在真学真信中坚定理想信念，在脚踏实地中身体力行，真抓实干，以"知行合一"的实践精神督促自己做一个幸福的"实干家"。

由此，通过本次内省，我们需要谨记：只有知行合一，积极投身社会实践，才能真正完善自己，才能更好地服务国家和社会，从而实现自己人生的价值。

（三）反思提升

围绕本次内省主题，在课后及以后日常生活中经常积极反思以下问题：

1. 我具有实践认识论的哲学智慧吗？

2. 我具有勇于实践的精神吗？

3. 我养成注重实学、实效、实功、实践的求实之风了吗？

4. 我提升了自己的实践能力了吗？

一切幸福都源于劳动和创造

——如何看待劳动创造的重要意义？

列夫·托尔斯泰曾指出，"人的幸福存在于生活之中，生活存在于劳动之中"。这句话告诫世人：人类社会的进步和发展离不开劳动创造，劳动既是财富的源泉，也是幸福的源泉，真正的美好生活，只有靠劳动去创造。

在中国特色社会主义的新时代，劳动的地位和重要性得到了反复的强调。那么，在物质生活和精神生活日益丰富的今天，如何认识劳动与创造？弘扬什么样的劳动精神和劳动观念？如何成为高素质的劳动者？本专题试图与大家一起探讨上述问题。

一、熟读精思

（一）内省主题

为什么说劳动是财富的源泉，也是幸福的源泉？如何成为一名勤于劳动、善于劳动的高素质劳动者？

（二）线上熟读

书目：《你不全知道的劳动世界》《古今中外工匠精神故事汇》。

（三）精思感悟

阅读以下两则材料，结合线上熟读，个人独立思考，完成思考题。

材料一

"大国工匠"方文墨

方文墨，男，1984 年出生，中航工业沈阳飞机工业（集团）有限公司钳工、高级技师。他创造了"0.003 毫米加工公差"的"文墨精度"，被誉为"全国最好的钳工"。

参加工作不到 10 年的时间里，他搜集整理了 20 余万字的钳工技术资料，自制刀、量、夹具 100 余把（件），改进各种刀、量、夹具 200 余把（件），改进工艺方法 60 余项，改进设备 2 项，研究生产窍门 24 项，总结先进操作方法和撰写技术论文 12 篇，申报技术革新项目 20 项，并取得了 3 项国家发明专利和实用新型专利，显著提高了劳动生产效率。

他设计制造的"定扭矩螺纹旋合器"可以提高生产效率 8 倍，仅人工成本每年就为企业节约 100 多万元；他改进的铁合金专用丝锥，能提高工效 4 倍，每年节约人工成本和材料费 46 万余元。参加工作以来，他曾获全国五一劳动奖章、中国青年五四奖章、全国技术能手、辽宁省和沈阳市特等劳动模范等 20 多项殊荣。

——参见《奋斗者方文墨：从文墨精度到大国工匠》，搜狐网，2019 年 8 月 2 日。

材料二

"两弹元勋"邓稼先

邓稼先，著名核物理学家，中国核武器研制工作的开拓者和奠基者，为中国核武器、原子武器的研发做出了重要贡献。1950 年，26 岁的邓稼先在美国获得了物理学博士学位。他带着当时最先进的物理学知识，涉洋归来报效祖国。50 年代末，邓稼先从物理学讲坛上"消失"了，他的身影闪现在核武器研制的基层第一线：在北京郊外的高粱地里参加研究所的兴建，在罗布泊国家试验场的土路上颠簸，在云遮雾罩的山区指挥着原子弹、氢弹的研制。邓稼先为我国的核武器研制事业兢兢业业、呕心沥血，孜孜不倦地奋斗了 28 年，从原子弹、氢弹原理的突破和试验成功及其武器化，到新的核武器的重大原理突破和研制试验，他都做出了重大贡献，为我国第一颗原子弹和氢弹试验成功立下了卓越的功勋。邓稼先曾荣获全国自然科学奖一等奖和国家级科技进步奖特等奖，以及"全国劳动模范"等荣誉称号。

——参见《"两弹元勋"邓稼先》，《人民日报》，2019 年 10 月 25 日。

思考题：

1. 为什么要弘扬劳动精神？

2. 如何看待"劳动最光荣、劳动最崇高、劳动最伟大、劳动最美丽"？

二、返观内视

（一）困惑内照

结合熟读精思，简要回答以下问题：

1. 如何看待"以辛勤劳动为荣，以好逸恶劳为耻"？

2. 如何使自己成为一名勤于劳动、善于劳动的高素质劳动者？

（二）研讨检视

1. 如何理解"以辛勤劳动为荣，以好逸恶劳为耻"？

（1）讨论

如何看待辛勤劳动？辛勤劳动有什么样的意义？如何看待好逸恶劳？

（2）点评

中华民族具有崇尚劳动的美德，中国人民自古崇尚劳动、热爱劳动，精卫填海、大禹治水、五丁开山、愚公移山等体现劳动精神的传说不胜枚举，长期辛勤的社会劳动创造了中华民族的辉煌文明。纵观人类历史，哪个年代的民众能同甘共苦，齐心协力，哪个年代的社会就必定繁荣昌盛。各行各业劳动模范代表的光荣事迹，无不证实了只有劳动才能创造幸福，只有奋斗才能实现梦想。一切物质和精神财富的创造也都离不开辛勤的劳动。小到个人、家庭，大到民族、国家，坚持辛勤劳动才能兴旺发达；而好逸恶劳、贪图享乐，则只能衰败、灭亡。因此，我们要明荣辱，知是非，与一切贪图安逸，轻视、鄙视劳动的观念和行为做斗争。

2. 我们应当弘扬什么样的劳动精神和劳动观念？

（1）讨论

新时代劳动精神的内涵是什么？我们为什么要培养劳动精神和劳动观念？我们应当弘扬什么样的劳动精神和劳动观念？

（2）点评

新时代劳动精神有着丰富的内涵，不仅在内容上继承并发展了马克思主义劳动价值观和中华民族优秀传统文化中的劳动观念，而且还彰显了"辛勤劳动、诚实劳动、创造性劳动"的新理念，倡导"劳动光荣、技能宝贵、创造伟大"的时代风尚，生成了一种"劳动者至上、劳动者平等、劳动者可敬、劳动最光荣、劳动最崇高、劳动最伟大、劳动最美丽"的劳动观。进入新时代，如何深刻把握劳动精神的内涵，引导全社会特别是青年学生进一步弘扬劳动精神和劳动观念，共同为实现中国梦而奋斗，有着极为重要的理论与现实意义。新时代大学生要弘扬"以勤为本、辛勤劳动，以诚为基、诚实劳动，以新为求、创造性劳动"的劳动精神，树立"劳动最光荣、劳动最崇高、劳动最伟大、劳动最美丽"的劳动观念。

3. 如何使自己成为一名勤于劳动、善于劳动的高素质劳动者？

（1）讨论

如何做到勤于劳动、善于劳动？怎样提升自己的劳动创造力？作为新时代青年，我们应该怎样使自己成为一名高素质劳动者？

（2）点评

劳动是一切成功的必经之路。实现我们确立的奋斗目标，归根到底要靠辛勤劳动、诚实劳动、科学劳动。我们要在全社会大力弘扬劳动光荣、知识崇高、人才宝贵、创造伟大的时代新风，促使全体社会成员弘扬劳动精神，推动全社会热爱劳动、投身劳动、爱岗敬业，为改革开放和社会主义现代化建设贡献智慧和力量。劳动模范和先进工作者、先进人物不仅要做好工作，而且要身体力行向全社会传播劳动精神和劳动观念，让勤奋做事、勤勉为人、勤劳致富在全社会蔚然成风。教育也将引导我们牢固树立热爱劳动的思想、牢固养成热爱劳动的习惯。而要成为勤于劳动、善于劳动的高素质劳动者，则需要有较高水平的劳动创造力，这就要求我们要将理论学习和动手实践相结合，在实践中不断提升自己的劳动创造力。作为新时代青年，我们应该树立"劳动最光荣、劳动最崇高、劳动最伟大、劳动最美丽"的劳动观念；培养热爱劳动、热爱创造的习惯；真正尊敬劳动模范、弘扬劳模精神；始终勤奋做事、勤勉为人、勤于思考、勇于创新。

（三）体会返观

根据困惑内照和研讨检视，通过参与教学活动，分享自己的习得体会。

三、口诵心惟

（一）诵阅名言

夫民劳则思，思则善心生；逸则淫，淫则忘善，忘善则恶心生。

——《国语·鲁语》

道虽迩，不行不至；事虽小，不为不成。

——［战国］荀子

民生在勤，勤则不匮。

——［东晋］陶渊明

历览前贤国与家，成由勤俭破由奢。

——［唐］李商隐

空谈误国，实干兴邦。

——［明］顾炎武

百尺竿头立不难，一勤天下无难事。

——［清］钱德苍

我觉得人生求乐的方法，最好莫过于尊重劳动。一切乐境，都可由劳动得来，一切苦境，都可由劳动解脱。

——李大钊

劳动一日，可得一夜的安眠；勤劳一生，可得幸福的长眠。

——［意］达·芬奇

劳动是幸福之父。

——［美］富兰克林

只能通过劳动，思想才能变得健全；只有通过思想，劳动才能变得愉快，两者是不能分割的。

——［英］罗斯金

（二）哲理探讨

结合以上名言，探讨其中蕴含的哲理。

（三）分组演讲

结合诵阅名言及哲理探讨，参考以下角度开展分组演讲。

1. 对劳动与幸福的认识

（1）幸福不会从天而降。

（2）梦想不会自动成真。

（3）空谈误国，实干兴邦。

（4）劳动是一切美好幸福生活的基础和源泉。

2. 对大学生进行劳动教育必要性的认识

（1）天将降大任于斯人也，必先苦其心志，劳其筋骨。

（2）功崇惟志，业广惟勤。

（3）人生在勤，勤则不匮。

（4）劳动铸就辉煌。

3. 对劳动精神和观念的认识

（1）崇尚劳动、尊重劳动。

（2）劳动最光荣、劳动最崇高。

（3）劳动最伟大、劳动最美丽。

（4）辛勤劳动、诚实劳动、创造性劳动。

4. 对如何成为一名高素质劳动者的认识

（1）牢固树立正确的劳动观。

（2）培养热爱劳动、热爱创造的情感。

（3）实践探究，提高动手能力。

（4）勇于质疑，勇于创新创造。

四、品评卓逸

（一）总结点评

1. 哲理探讨的点评

勤劳是中华民族的传统美德，对劳动的肯定和赞美是中国传统文化的重要内容。历代先哲圣贤强调劳动的重要意义，重视对勤劳美德的培养，并将之当作修身、齐家和治国的重要途径。不少家规家训也教导子女谨记勤劳之风。在上述名言中，"勤则不匮""实干兴邦"道出了劳动的意义。"不为不成"阐明了劳动的重要性。"历览前贤国与家，成由勤俭破由奢"告诉我们劳动可以创造财富。"夫民劳则思，思则善心生；逸则淫，淫则忘善，忘善则恶心生"指出了劳动对人的向善品质产生的积极影响。"劳动是幸福之父"道出了劳动与幸福之间的关系，劳动可以创造幸福。

我们要自觉从这些名言警句中汲取营养，大力弘扬勤劳这一传统美德，牢固树立正确的劳动观念，全面提升自身素质，从而为祖国和人民贡献青春和力量。

2. 分组演讲的点评

本课演讲共从四个角度列出了 16 个具体题目。这四个角度从宏观到微观、从感性到理性、从认知到实践，具有一定的内在逻辑。深刻理解其中逻辑、准确把握各题含义是建构好演讲线索和内容的基础。

在具体演讲中，引用经典哲理、引述成功案例能使演讲内容更加生动、论据更加确凿。结合自己的经历谈体会有利于贴近实际、增强感染力。当然，细致的论据准备、充分的个人自信以及必要的演讲技巧训练亦能辅助提升演讲的整体效果和水平。

（二）习得品味

为什么说劳动是财富的源泉，也是幸福的源泉？我们应当弘扬什么样的劳动精神和劳动观念？我们如何提升劳动素质？这是每个当代大学生必须认真思考和回答的问题，对这个问题的思考和回答不仅直接关系个人一生的成长进步，也关乎中华民族的兴衰存亡。而通过本次课的内省，当我们试图重新去回答这些问题的时候，以下几点是值得再次细细品味的。

首先，关于为什么说劳动是财富的源泉，也是幸福的源泉。讨论此问题是思考如何提升劳动素质的前提。对于这一问题，我们可以从劳动的起源和发展、劳动的基础和源泉、劳动的内容和方法、劳动的目的和意义等多个角度进行探讨。事实上，为什么说劳动是财富的源泉，也是幸福的源泉，对这一问题的回答众说纷纭，答案也不尽相同。但是，当我们从这些视角去探讨这个问题的时候，却容易得出大体一致的结论。那就是：劳动是人类发展和社会进步的根本力量，劳动创造了人，创造了价值，创造了财富，创造了美好生活，劳动是财富的源泉，也是幸福的源泉。

其次，关于我们应当弘扬什么样的劳动精神和劳动观念。讨论我们应当弘扬什么样的劳动精神和劳动观念，是思考如何提升劳动素质的关键。对于这一问题，可以从劳动的价值和意义这个角度去思考。劳动不仅创造财富，还带给人们幸福，因此我们需要进一步弘扬劳动精神，教育引导学生崇尚劳动、尊重劳动，懂得劳动最光荣、劳动最崇高、劳动最伟大、劳动最美丽的道理，能够辛勤劳动、诚实劳动、创造性劳动。

最后，对于如何成为一名高素质的劳动者的认识。对于这一问题，可以从知行合一的角度来审视要求自己，并从牢固树立正确的劳动观、培养劳动意识和劳动精神、动手实践、勇于创新创造等方面进行思考。

由此，通过本次内省，我们需要谨记：劳动是财富的源泉，也是幸福的源泉。新的征程在我们脚下展开，新时代条件下，我们更需要弘扬劳动的精神价值、唱响劳动的时代赞歌，以拼搏赓续优秀传统，以奋斗开创美好明天。

（三）反思提升

围绕本次内省主题，在课后及以后日常生活中经常积极反思以下问题：

1. 我做到以辛勤劳动为荣，以好逸恶劳为耻了吗？

2. 我树立"劳动最光荣、劳动最崇高、劳动最伟大、劳动最美丽"的观念了吗？

3. 我做到诚实劳动、勤勉学习和工作了吗？

4. 我做到干一行、爱一行、钻一行了吗？

协作篇

天下事未尝不败于专而成于共

——如何认识协作的重要性？

"天下之事，未尝不败于专而成于共。专则隘，隘则睽，睽则穷；共则博，博则通，通则成。故君子修身治心，则与人共其道；兴事立业，则与人共其功；道隆功著，则与人共其名；志得欲从，则与人共其利。是以道无不明，功无不成，名无不荣，利无不长。"这段话出自北宋司马光的《张共字大成序》，谈到专擅和协力对事业成就的影响，认为专擅会导致事业陷于困境，协力则畅通无阻。

在大学校园生活中，同学们也会发现，不管是课堂小组演讲的成功，还是"红旗团支部"等集体荣誉的获得，都离不开协作。什么是协作？协作有什么作用？我们终会离开校园走向社会，学会协作对干事谋业又有什么帮助？本专题试图与大家一起探讨上述问题。

一、熟读精思

（一）内省主题

什么是协作？如何认识协作的重要性？

（二）线上熟读

书目：《团队协作的五大障碍》《做一个懂团队会定位善合作的协作达人》。

（三）精思感悟

阅读以下两则材料，结合线上熟读，个人独立思考，完成思考题。

材料一

合纵与连横

战国时期，各诸侯国之间积极展开协作。对于如何协作、怎样协作，当时的谋士众说纷纭，于是产生了游说于各国的纵横家。苏秦游说六国诸侯一起对抗强大的秦国；张仪游说六国，让六国"连横"亲秦。这就是合纵与连横。合纵是指以三晋为主的弱国，北连燕、南连楚为纵，西可以对秦，东可以对齐，"合众弱以攻一强"，是阻止强国兼并的策略。当时六国"诸侯之地，五倍于秦；料度诸侯之卒，十倍于秦。六国并力为一，西面而攻秦，秦破必矣"，因而秦最怕合纵的成功。秦国就采取远交近攻、各个击破的策略，联合弱国帮助它兼并六国。一纵一横，其声势可谓倾动天下。当时六国各自为短期的利益不断侵伐，最终是合纵失败而连横成功。不论是合纵还是连横，都是一种联合协作行动，哪一种成功，其势都不可小觑。

——参见陈洪娟、王黎明：《论中国传统文化中团结协作的理念》，载于《重庆社会科学》2019 年第 2 期，第 116 页。

材料二

"鱼"与"渔"

从前，有两个饥饿的人得到了一位智慧长者的恩赐：一根鱼竿和一篓鲜活、硕大的鱼。其中，一个人要了一篓鱼，另一个人要了一根鱼竿，于是他们便分道扬镳了。得到鱼的人原地煮鱼，用干柴生起篝火煲起了鱼汤，他狼吞虎咽，还没完全品出鲜鱼的肉香，转瞬间，连鱼带汤就被他吃了个精光，没多久，他便饿死在空空的鱼篓旁。另一个人则提着鱼竿继续忍饥挨饿，一步一步艰难地向海边走去，可当他已经看到不远处那片蔚蓝色的海洋时，他浑身的最后一点力气也使完了，也只能眼睁睁地带着无尽遗憾撒手人世。还有两个饥饿的人，他们同样得到了智慧长者恩赐的一根鱼竿和一篓鱼。只是他们并没有各奔东西，而是商定共同去找寻大海，两人每次只煮一条鱼。经过长途跋涉，他们终于来到了海边，从此，两人开始了捕鱼为生的日子。几年以后，他们在海边盖起了新房，并有了各自的家庭，有了自己打造的渔船，过上了幸福安康的生活。

从中我们可以看到，人与人之间的合作是非常重要的。一个人只顾眼前的利益、不考虑长远，得到的也终将是短暂的欢愉；一个人拥有高远的目标，但不面对现实的境遇，而执意苦苦前行，得不到相应的资源和帮助，也终将面临失败。人生在世，只有把远大的理想和现实的目标有机地结合起来，并能够在生活和工作中借力使力、整合资源，发挥团队协作的优势，方有可能获得成功。有时候，一个简单的道理，却足以给人意味深长的生命启迪。

——参见《管理故事："鱼"与"渔"》，载于《中国科技产业》2011 年第 8 期，第 65 页。

思考题：

1. 你在学习、生活中有哪些协作的经历？
2. 如何理解协作的重要性？

二、返观内视

（一）困惑内照

结合熟读精思，简要回答以下问题：

1. 如何理解"交响乐不是一个人能演奏出来的"？
2. 你觉得协作有哪些作用？

（二）研讨检视

1. 交响乐的演奏需要怎样的协作？

（1）讨论

你听过"交响乐不是一个人能演奏出来的"这句话吗？你如何理解呢？有哪些感悟？

（2）点评

交响乐队的组成不仅有指挥，也有各项乐器的演奏者。每项乐器的演奏者跟随指挥的节奏，奏响自己的乐器。正是各组乐器的交融，才呈现出了美妙的乐章。

交响乐不是一个人能演奏出来的，强调的是各司其职，突出的是整体效果，任何突出个人能力的做法都必须让步于整体乐曲的协调，而能力不足也会影响整体乐曲的呈现。这一过程中，不仅合作能力得到锻炼，也有专业能力的精进。大学生应该从中受到启发，学习如何与他人协作，让每一件乐器都发挥作用，从而奏响一首首美妙的交响乐，让自己在协作中成长。

2. 如何认识协作与个人成长的关系？

（1）讨论

为什么要有协作？不协作又会如何？为什么说个人的成长离不开协作？

（2）点评

信息化时代，我们都处于社会组织之中，分工协作、各有所长，是现实也是发展的趋势。随着信息和知识资源的应用更加频繁，人与人之间只有加强合作，才能更快更多地获取知识和信息，才能更好更高效地达成目标。由此，协作精神成为人与人之间加强合作的关键。而脱离协作的"孤军奋战"，往往会导致事倍功半乃至失败。

我们要实现自己的梦想，也需要借助他人的力量。通过协作，每个人发挥各自的优势，从而更好地完成目标。协作不仅锻炼了我们的人际沟通能力，也检验了我们的专业素养和创新素质。在协作过程中，我们可以更清楚地认识到自己的优势和不足，从而明确自身成长需要进行哪些努力，以便更好地锤炼自己。

3. 如何认识协作与干事谋业的关系？

（1）讨论

协作对我们的学习、生活、工作有什么样的影响？在创业、成就事业的过程中，协作起了什么作用？

（2）点评

个人的力量总是有限的，有分工就必然有合作，从班级活动的策划到执行，从小组作业的选择到完成，都需要每位成员发挥自己的作用，而并非只发挥个别成员的作用。学会协作，会让我们更好地和他人合作，明确分工和职责，发挥自己的优势和长处、扬长避短、优势互补。比如备战考研的时候，相互督促、共享资源，每位同学都用擅长的科目帮助其他同学复习提高，收获的将可能是集体考研的成功。而如果只想自己获利而不愿分享，害怕其他同学分数超过自己，也将错失自己成绩提高的机会。

人尽其才、充满信任协作的良好氛围会带来集体的成就，也将成就个人。而不愿协作或者居功自傲，则会造成人际关系的疏离，形成充满猜忌、隔离的氛围，并最终导致事业的失败。

（三）体会返观

根据困惑内照和研讨检视，通过参与教学活动，分享自己的习得体会。

三、口诵心惟

（一）诵阅名言

天时不如地利，地利不如人和。

——［战国］孟子

人道以合群为义，以合群而强。

——康有为

人是要有帮助的。荷花虽好，也要绿叶扶持。一个篱笆打三个桩，一个好汉要有三个帮。

——毛泽东

一致是强有力的，而纷争易于被征服。

——［古希腊］伊索

我不应把我的作品全归功于自己的智慧，还应归功于我以外向我提供素材的成千成万的事情和人物。

——［德］歌德

人们在一起可以做出单独一个人所不能做出的事业。

——［美］韦伯斯特

团结就有力量和智慧，没有诚意实行平等或平等不充分，就不可能有持久而真诚的团结。

——［英］罗伯特·欧文

一个人如果单靠自己，如果置身于集体的关系之外，置身于任何团结民众的伟大思想的范围之外，就会变成怠惰的、保守的、与生活发展相敌对的人。

——［苏联］高尔基

（二）哲理探讨

结合以上名言，探讨其中蕴含的哲理。

（三）分组演讲

结合诵阅名言及哲理探讨，参考以下角度开展分组演讲。

1. 对协作的总体认识

（1）协作的内涵。

（2）有效协作的意义。

（3）我眼中的协作。

（4）大学中我所经历的协作。

2. 对协作与个人的认识

（1）红花虽好，也要绿叶扶持。

（2）孤雁难飞，孤掌难鸣。

（3）独行快，众行远。

（4）助人者人恒助之。

3. 对协作与团队的认识

（1）一枝独秀不是春，百花齐放春满园。

（2）协力则广博，广博则通畅，通畅则能成功。

（3）"专"与"共"对团队的影响。

（4）"拳头"比"指头"更有力量。

4. 对协作与干事谋业的认识

（1）协作与学业的关系。

（2）协作与就业的关系。

（3）协作与创业的关系。

（4）协作与事业的关系。

四、品评卓逸

（一）总结点评

1. 哲理探讨的点评

"人的本质是一切社会关系的总和。"如何处理个人和他人的关系、处理个人与集体的关系，是每个人都无法回避的问题。在上述名言中，无论是孟子强调的"人和"、康有为强调的"合群"，还是伊索提到的"一致"与"纷争"，都表明了人际关系的和谐对目标达成的影响。高尔基则指出脱离集体对个人成长的危害，每个人必须置身于集体中才能更好地得到发展。也正如歌德和韦伯斯特所言，协作对个人成长、事业发展均具有重要作用。

毛泽东引用中国谚语，指出协作广泛存在，成功不能依靠单打独斗，需要成员共同努力发挥彼此的作用。欧文将有诚意的平等视为真诚团结的前提，任何把自己摆在高高在上位置的虚假的平等都不会带来协作的真正成功。我们不应崇尚个人英雄主义，而应看到协作的力量，既要学会为团队成员的发展而鼓掌，也要群策群力，为长远目标而努力。

我们要自觉从这些名言警句中汲取营养，正确认识自己，学会欣赏他人。事业的成就是团队和团队成员的相互成就，要通过"共"而达成个人和集体利益的统一，而不是以"专"的方式陷入个人主义的泥潭。

2. 分组演讲的点评

本课演讲共从四个角度列出了 16 个具体题目。这四个角度从宏观到微观，结合现实，既分析个人也分析团队，具有一定的内在逻辑。深刻理解其中逻辑、准确把握各题含义是建构好演讲线索和内容的基础。

在具体演讲中，引用经典哲理、引述成功案例能使演讲内容更加生动、论据更加确凿。结合自己的亲身经历谈体会有利于贴近实际、增强感染力。当然，细致的论据准备、充分的个人自信以及必要的演讲技巧训练亦能辅助提升演讲的整体效果和水平。

（二）习得品味

什么是协作？如何认识协作的重要性？这些是每位同学都应思考的问题，它们不仅关系到大学生活的得与失，也关系到人一生的成长与发展。通过本次课的内省，当我们试图去回答这些问题的时候，以下几点是值得再次细细品味的。

首先，探讨什么是协作。讨论什么是协作，是思考协作与发展的前提。每个人都有自己的优势和不足，协作就是通过取长补短，为共同的目标而努力。这就要求我们正确看待自己，清楚自己的优势，明确自己的不足，通过与他人的合作，实现团队利益的最大化。团队中，最忌讳的就是打小算盘，只考虑一己利益之得失。因此，协作需要"共"而不是"专"。

其次，如何认识协作的重要性。讨论协作的重要性，是能够正确看待协作以更好地干事谋业的前提。新冠肺炎疫情的全球大流行与合作抗疫也表明人类社会是一个休戚与共的命运共同体，唯有团结协作才能应对各种全球性危机，战胜关乎各国人民安危的疫病。心手相牵、相互扶持是通往胜利的"桥梁"，守望相助、众志成城是防控疫情的最好"疫苗"，团结协作是最有力的"武器"。每位同学都会走进社会，现在思考协作其实也是为将来进入社会承担责任奠定基础。

由此，通过本次内省，我们需要谨记：不骄傲自大，不一叶障目，要正确分析自己，了解每个人都有优势和不足。协作不是"拉帮结派"，不是"党同伐异"，而是整合力量、集思广益，形成优势互补，实现叠加效益。团队成功的实现，也有助于每个成员更好地发挥所长、承担责任，在协作中达成自己的目标，实现个人的成功。

（三）反思提升

围绕本次内省主题，在课后及以后日常生活中经常积极反思以下问题：

1. 我有没有珍惜协作的机会？
2. 我是否在协作中最大限度地发挥了自己的作用？
3. 我是否能客观公正地看待协作中其他成员的积极作用？
4. 我有没有在协作中更好地成长？

众人拾柴火焰高

——如何理解个人与团队的关系？

　　个人与团队的关系一直是人类社会长久以来思考的主题。"一人拾柴火不旺，众人拾柴火焰高。一人难挑千斤担，众人能移万座山"表明了团结与成功的关系。愚公移山等故事也让我们思考团队和成员在目标达成中所起的作用。

　　我们每位大学生也都深刻地感受着个人与团队的关系，学校、学院、班级、宿舍、学生组织，既由我们每个个体组成，也协调着我们的关系。走出校园，我们还是家庭、单位、社会的一员。如何发挥作用，让集体取得更好的成就？如何让个体发展和集体成就相辅相成？本专题试图与大家一起探讨上述问题。

一、熟读精思

（一）内省主题

什么是团队？如何理解个人与团队的关系？

（二）线上熟读

书目：《离开团队，你什么也不是》《团结就是力量》。

（三）精思感悟

阅读以下两则材料，结合线上熟读，个人独立思考，完成思考题。

材料一

刘邦的"用人观"

　　楚汉时期，刘邦、项羽争霸，最后刘邦取得了胜利，设宴款待群臣。提到自己的成功时，他表示，运筹帷幄之中，决胜千里之外，自己不及张良；治国、爱民和用兵，自己不及萧何；统率百万大军百战百胜，自己不及韩信。但是他懂得与这三位天下人杰合作，所以能得到天下。反观项羽，连唯一的贤臣范增都团结不了，这才是他失败的原因。

　　刘邦最大的优点，就是知人善任。张良、萧何、韩信都堪称人中龙凤，每一个人各有所长，且其特殊才能都远在刘邦之上。刘邦将他们均罗致麾下，而且不嫉贤妒能、不弹压掣肘，能用其所长，把每个人放在最合适的位置上，为每个人淋漓尽致地发挥自己所长创造了条件。张良定国策谋大计，萧何理国事抓经济，韩信统大军略城地，三人均有出色表现。也正是众人发挥所长、团结一致，才能够亡秦灭楚，建立汉朝。

——参见张小锋：《刘邦成功"逆袭"的用人智慧》，载于《人民论坛》2013年10月上，第78页。

材料二

女排精神

2019年9月，在女排世界杯比赛中，中国女排连克强手，以十一连胜的骄人成绩卫冕世界冠军。她们顽强战斗、勇敢拼搏的女排精神充分体现了团结的力量。

团结就是力量，这种力量是制胜之合力、反击之强力。女排姑娘们团结协作，没有彼此猜忌，只有肝胆相照、同心协力。她们知道，在赛场上，力量不是简单的叠加，而是彼此之间的配合与协作。没有一个主攻可以独自完成扣杀，没有一个队员可以独自赢得制胜之分，主攻、副攻、接应、二传各司其职，分工明确，一个都不能少。唯有这样，才能搭建出完美的团队，才能在比赛场上共克强敌。

从女排精神中，我们可以深切地感受到：集体的力量与个人的努力在团结协作中才能获得高度统一，形成强大的合力，释放出巨大的能量。

——参见郝永平、聂文婷：《奏响为中华崛起而拼搏的时代最强音》，《光明日报》，2020年12月16日。

思考题：

1. 你理想的团队是什么样的？你对自身所处的团队（如班级、宿舍、学生组织）有什么想法？

2. 结合女排精神，谈谈对"集体力量"与"个人努力"的认识。

二、返观内视

（一）困惑内照

结合熟读精思，简要回答以下问题：

1. 如何看待"人多力量大"？

2. 如何看待个人和团队的关系？

（二）研讨检视

1. 人多是否就力量大？

（1）讨论

你有没有听过"人多力量大""团结就是力量"？团结的力量是不是就是人多的力量？人多就一定团结吗？人多但不团结又会有什么结果？

（2）点评

"众人"表明不是个人的力量，而是集体、团队的力量；"众人拾柴"表明方向一致、目的一致、行动一致；"火焰高"是行动的结果，也是团结一致的结果。如果人多，但各行其是，结果可能是一盘散沙，火焰不仅不会高，甚至会熄灭。

人多不代表就一定力量大，也有可能会掣肘。对比愚公移山与三个和尚的故事，深刻启示我们：齐心协力，则成功在望；离心离德，则失败不远。我们身处于不同的集体之中，要齐心协力发挥集体的优势、发挥人多的力量，让集体成为团结的集体，才能"众志成城"。

2. 如何发挥团队的力量？

（1）讨论

团队是如何形成的？聚集的人群是否就是团队？为什么需要团队？团队的力量应该如何体现？

（2）点评

信息化时代来临，人际交往扩大，社会分工越来越细，新的产品和技术不断出现，一个问题的背后往往与其他问题有着千丝万缕的联系，其解决已不再是单打独斗就能完成，而往往需要团队合作，发挥团队的力量。

发挥团队的力量，其实就是发挥团结的力量。在任何一个团队或者群体中，首先，要有一致的目标；其次，每个成员分工协作，各司其职，形成强大的合力；最后，把这股合力运用到具体的行动中去，才能实现巨大的效益。没有共同目标而集结的只是乌合之众，不能称之为"团队"；有共同目标但没有向心力，这样的集体也不能取得最后的成功。

3. 如何让个人融入团队之中？

（1）讨论

如何让个性各异的个体在团队中和谐相处？如何实现个人利益和集体利益的统一？如何提升团队的凝聚力？

（2）点评

每一道色香味俱佳的菜肴，都不只是某一种食材的功劳。团队中每个人的个性不同、作用不同，如果只想突出自己，结果往往是毁了"一道菜"。雄心壮志、聪明才智的发挥，需要认清自己的优势，明确自己能为团队做些什么。要实现团队的总体目标，需要将个人融入集体，也就要求每位成员明确方向、顾全大局、乐于奉献，具备良好的协作能力，清楚职责定位，发挥所长，和其他成员共同努力，在团队成就中体现个人价值。

（三）体会返观

根据困惑内照和研讨检视，通过参与教学活动，分享自己的习得体会。

三、口诵心惟

（一）诵阅名言

能用众力，则无敌于天下矣；能用众智，则无畏于圣人矣。

—— ［三国］孙权

众力并，则万钧不足举也；群智用，则庶绩不足康也。

——［东晋］葛洪

团结一致，同心同德，任何强大的敌人，任何困难的环境，都会向我们投降。

——毛泽东

一个人像一块砖砌在大礼堂的墙里，是谁也动不得的；但是丢在路上，挡人走路是要被人一脚踢开的。

——艾思奇

一滴水只有放进大海里才永远不会干涸，一个人只有当他把自己和集体事业融合在一起的时候才能最有力量。

——雷锋

一堆沙子是松散的，可是它和水泥、石子、水混合后，比花岗岩还坚韧。

——王杰

我们知道个人是微弱的，但是我们也知道整体就是力量。

——［德］马克思

团队合作是朝着一个共同的愿景协同工作的能力，是将个人成就引领至组织目标的能力，是让普通人获得非凡成绩的动力。

——［美］安德鲁·卡内基

（二）哲理探讨

结合以上名言，探讨其中蕴含的哲理。

（三）分组演讲

结合诵阅名言及哲理探讨，参考以下角度开展分组演讲。

1. 对团队的认识

（1）团队的内涵。

（2）团队凝聚力与团队发展。

（3）我心中的理想团队。

（4）我所在的大学团队。

2. 对团队成员的认识

（1）辅车相依，唇亡齿寒。

（2）尺有所短，寸有所长。

（3）没有无用的人，只有放错位置的人。

（4）推心置腹，人莫能间。

3. 对团队作用的认识

（1）"众口铄金"与"众志成城"。

（2）人心齐，泰山移。

（3）团结干事创辉煌。

（4）打好团结牌，实现中国梦。

4. 对个人和团队关系的认识

(1) 单丝不成线，独木不成林。

(2) 大河有水小河满，大河无水小河干。

(3) 没有完美的个人，只有完美的团队。

(4) 木桶定律与团队发展。

四、品评卓逸

(一) 总结点评

1. 哲理探讨的点评

团队合作，不光是形成团队，更要讲合作，合作才能实现团队利益最大化，发挥最大效用。孙权、葛洪、毛泽东通过"众""群""同"，表明了这一观点。

团队合作也并非1＋1＝2，而是应通过配合创造更大的价值。卡内基提到团队合作需要"共同的愿景""协同工作"，即实现个人成就与组织目标的融合。马克思提到的"整体就是力量"则表明团队的力量大于个人的力量。艾思奇提到的一块砖的不同境遇也说明了个人需要融入团队之中。

要融入团队，个人需要认可并服从于团队目标，如雷锋所说"一滴水只有放进大海里""把自己和集体事业融合在一起"，才能更好地发挥团队的作用。要融入团队，需要尊重每位成员，如王杰提到的沙子和水泥、石子、水的混合，不同成员在团队中的分工和作用不同，但目标一致，共同作用于团队发展，从而创造出"比花岗岩还坚韧"的效果。要融入团队，更要学会面对团队成员，思考如何将他们凝聚起来，这是团结的力量，也是团队的作用。

我们要自觉从这些名言警句中汲取营养，清楚人无完人，每个人的能力是有限的，只有彼此尊重、取长补短、众志成城，才能最终形成一股集体的强大力量，战胜困难、走向胜利。

2. 分组演讲的点评

本课演讲共从四个角度列出了16个具体题目。这四个角度从宏观到微观，分析了团队的形成、凝聚力的重要性、成员个人成长与团队成就之间的关系，具有一定的内在逻辑。深刻理解其中逻辑、准确把握各题含义是建构好演讲线索和内容的基础。

在具体演讲中，引用经典哲理、引述成功案例能使演讲内容更加生动、论据更加确凿。结合自己的亲身经历谈体会有利于贴近实际、增强感染力。当然，细致的论据准备、充分的个人自信以及必要的演讲技巧训练亦能辅助提升演讲的整体效果和水平。

(二) 习得品味

什么是团队？如何理解个人与团队的关系？这些是我们需要认真思考的问题，始终伴随着我们的学习、工作与生活。对这些问题的回答，也检验着我们的品德与能力，对将来的事业发展起着重要作用。通过本次课的内省，当我们试图去回答这些问题的时候，以下几点是值得再次细细品味的。

首先，关于什么是团队。讨论什么是团队，是思考如何选择并发挥团队力量的前提。团队的形成基于什么，团队的发展源于什么，团队的成就归功于谁，这都是我们要思考的。我们可以结合古今中外的事例，分析团队和乌合之众的区别，明确团队需要有统一的目标、有全体成员愿意为之付出的愿景。通过自己的实践，了解什么样的团队更适合自己。

其次，关于如何理解个人与团队的关系。讨论个人与团队的关系，是正确认识团队作用、增强个人素质的前提。这意味着我们必须至少搞清楚以下问题：团队成员性格各异，如何让他们都愿意为团队付出？团队成员能力不一，如何发挥他们的作用？团队成员居功自傲，如何引导他们摆正位置？任何一个集体，必须思想一致、目标一致、行动一致、有情感的共鸣，才能产生凝聚力，才能依靠合力战胜个人难以战胜的困难，达成集体目标。正如《西游记》中呈现的师徒团队，个人只有融入集体，才能更快地成长，更好地发挥自己的作用，而将个人成长与集体成就相联系，也有助于更好地实现个人的发展，实现双赢。生活中，我们也看到团队中不乏居功自傲者、消极怠工者、自卑逃避者，他们会影响团队的和谐，只有齐心协力、乐于奉献，才能让团队取得辉煌。

由此，通过本次内省，我们需要谨记：通过共同的目标，把能力和水平有差异的人聚合在一起，形成合力，才是团队真正意义之所在。团队领导者要能够"知人善任""人尽其才"，有容人的胸襟也有统筹的能力，决定团队的方向；团队中成员能力不一，团队能达到的高度往往更多依靠能力强的成员的贡献，能力一般的成员也应在团队中有自己的定位和独到的作用。每个人既要提升自己，避免成为"木桶最短的那片"，也要充分发挥所长，学会分工与合作。只有不斤斤计较个人利益和局部利益，不忽略每一个人在团队的存在感，才是积极的团队合作，也是我们应该达成的个人与团队的和谐统一。

（三）反思提升

围绕本次内省主题，在课后及以后日常生活中经常积极反思以下问题：

1. 我在团队中有哪些优势与不足？

2. 我注重向团队其他成员学习了吗？

3. 个人目标和团队发展存在冲突时，我正确处理了吗？

4. 我做到更好地承担自己的责任、促进团队的融合了吗？

智者求同，愚者求异

——如何实现求同存异、合作共赢？

　　《论语》中的"君子和而不同，小人同而不和"告诉我们，智者共事常常能够求大同、存小异。世界是由各种人、各种思想、各种信仰以及众多民族和国家组成的，差异明显存在，如何在差异中求大同、如何处理好"同"和"异"之间的关系值得探讨。

　　每一个人都是一个独立的个体，都有自己与别人的不同之处。我们每天都在和这个世界打交道，每天都接触着形形色色的人、经历着丰富多彩的事，生活也因不同而丰富多彩。在与他人的相处以及各种团队活动中，我们何时需要求同？何时又需要存异？如何在团队中处理好人际关系？如何才能与大家实现最终的共赢？本专题试图与大家一起探讨上述问题。

一、熟读精思

（一）内省主题

　　求同存异对于协作有何重要意义？如何实现求同存异、合作共赢？

（二）线上熟读

　　书目：《论坚持推动构建人类命运共同体》《凡事换位思考》《中南海里的博大胸怀——红墙里的领袖们》。

（三）精思感悟

　　阅读以下两则材料，结合线上熟读，个人独立思考，完成思考题。

材料一

齐心开创共建"一带一路"美好未来

　　共建"一带一路"倡议，目的是聚焦互联互通，深化务实合作，携手应对人类面临的各种风险挑战，实现互利共赢、共同发展。在各方共同努力下，"六廊六路多国多港"的互联互通架构基本形成，一大批合作项目落地生根，首届高峰论坛的各项成果顺利落实，150多个国家和国际组织同中国签署共建"一带一路"合作协议。共建"一带一路"倡议同联合国、东盟、非盟、欧盟、欧亚经济联盟等国际和地区组织的发展和合作规划对接，同各国发展战略对接。从亚欧大陆到非洲、美洲、大洋洲，共建"一带一路"为世界经济增长开辟了新空间，为国际贸易和投资搭建了新平台，为完善全球经济治理拓展了新实践，为增进各国民生福祉作出了新贡献，成为共同的机遇之路、繁荣之路。事实证明，共建"一带一路"不仅为世界各国发展提供了新机遇，也为中国开放发展开辟了新天地。

中国古人说："万物得其本者生，百事得其道者成。"共建"一带一路"，顺应经济全球化的历史潮流，顺应全球治理体系变革的时代要求，顺应各国人民过上更好日子的强烈愿望。

——参见《习近平在第二届"一带一路"国际合作高峰论坛开幕式上的主旨演讲》，载《人民日报》，2019 年 4 月 27 日。

材料二

武昌理工学院"退伍军人"抱团考研全部录取

武昌理工学院 2017 年 3 月成立了"退伍军人俱乐部"社团，目前已有 123 名退伍学生。成员们进入大四后，就会互相鼓励，参加考研、考公务员等。2020 年，退伍军人俱乐部的毕业生参加考研者 10 人，通过者 10 人。2019 年决定考研后，大家就像组成了一个突击小队，虽然来自不同的学院不同的专业，但在复习备考中，大家目标一致团结协作，相互分享经验、技巧和收获，共同探讨问题，解决疑问。考研是场持久战，累了，会用眼神交流、加油打气；扛不住时，会互相支持；难熬时，会互相倾诉；休息时，则是一起打篮球或吃大餐。虽然大家的专业、性格、特长、爱好等各不相同，但有着相同的目标，团结协作、抱团取暖，激发出了最大战斗力，使每个人都拼尽全力实现目标。

——参见《武汉一高校"退伍军人"抱团考研全部录取》，载《中国青年报》，2020 年 6 月 2 日。

思考题：

1. 共建"一带一路"给予我们什么启示？

2. "求同"与"存异"是否矛盾？

二、返观内视

（一）困惑内照

结合熟读精思，简要回答以下问题：

1. 如何理解求同存异的内涵及内在关系？

2. 求同存异对于团队协作有何重要意义？

3. 如何做到求同存异、合作共赢？

（二）研讨检视

1. 如何理解求同存异的内涵及内在关系？

（1）讨论

求同与存异是否矛盾？求同存异的真正内涵是什么？它们的内在联系是什么？

（2）点评

求同与存异本身并不矛盾，不应将两者放在对立面来理解，而应具备一种大局观。例如，小到个人，要秉持"三人行，必有我师焉"的思想和胸怀；大到国家，要与不同的国家开展交流合作和文化借鉴，在差异中寻找共同点，构建人类命运共同体，从而走得更远更好。

求同并不是要求绝对相同，死水一潭的整齐也是毫无意义的。存异并非一味地追求个性解放，史铁生说："你是独特的，但你必须向统一让步；你是自由的，但你必须向禁忌妥协。"人是自由的，但又必须有所束缚，当个人利益与社会利益存在矛盾时，个人利益必须让步。每个人都有所不同，在集体中每个人都发挥出自己的特长，同时兼顾集体利益，这些"不同"便会让和谐的世界更加多彩！

求同存异是以尊重多样性为基础，在一定程度上达成共识，拥有共同的积极向上的精神和相对一致的目标，在共同实现目标的过程中各施所长、共同发展。在迥异万千中求"大同"，才能团结一心、和谐共存；在和谐大同中求"不同"，才能相互促进、共同发展。

2. 求同存异对于团队协作有何重要意义？

（1）讨论

求同存异在团队协作中有何意义？为什么要求同存异？

（2）点评

团队精神中，求同存异最为重要。团队的一个核心思想是"求同"，大家有着共同的目标是团队生存的基础。团队的另一个核心思想是"存异"，大家相互尊重彼此的个性、相互信任，团队才能和谐，才能保持凝聚力。之后团队每个成员再将自己的分工特长发挥到极致，团队才具有战斗力。其实，完美的团队并非其成员的身高、性格、特长、爱好等大致相同，而是每一名成员都充分发挥着自己的特长。没有完美的个人，但求同存异、团结协作能搭建出完美的团队。我们每个人都会处在各种各样的团队中，遇到各种各样的人，每个人的阅历、知识、能力、水平、性格各不相同，这就需要我们在交往中求同存异、坦诚相见。在团队中寻找彼此之间的"同"，借助这些"同"促进彼此交融，形成超强凝聚力；接受他人的"异"，尊重他人，他人也会尊重我们，团队成员自然会和谐相处。每个人发挥自己的特长，最终才能实现合作共赢。

3. 如何做到求同存异、合作共赢？

（1）讨论

在这个个性十足的时代，我们如何学会求同？我们如何接受他人的不同？

（2）点评

当前，随着时代的发展，人们的兴趣爱好、价值取向、思维方式日益多样。我们要学会求同、善于求同，学会与大家和谐共处，善于发现事物之间的共同点，找到共赢目标所在，减少矛盾和障碍。同时要善于发现事物之间的不同点，比如区别对待、具体分析、发挥各自所长，这种思维更能抓住事物的本质特点，有助于寻找更完美的解决方法。

在交流学习中形成统一共识，意见各不相同，可使其相互融合而不对立；目标各不相同，可使其相互尊重而不冲突。国与国之间的外交关系需要求同存异，才能保持和谐发展。人与人之间也应该取长补短，找准自己的定位，站在一定的高度，用宽广的胸怀去接受别人的不同、包容别人的不足，和谐相处，才能共同发展。

（三）体会返观

根据困惑内照和研讨检视，通过参与教学活动，分享自己的习得体会。

三、口诵心惟

（一）诵阅名言

君子和而不同，小人同而不和。

——《论语》

知之则强，不知则老，故同出而名异耳。智者察同，愚者察异。愚者不足，智者有余。有余则耳目聪明，身体轻强，老者复壮，壮者益治。是以圣人为无为之事，乐恬淡之能，从欲快志于虚无之守，故寿命无穷，与天地终。此圣人之治身也。

——《黄帝内经》

乐者为同，礼者为异。同则相亲，异则相敬，乐胜则流，礼胜则离。

——《礼记·乐记》

胸怀广大，须从平淡二字用功。

——［清］曾国藩

凡是具有革命新思想而不甘为列强奴隶、军阀鹰犬的人，不论其属于何种派别，具有何种信仰，都应立即联合起来。

——周恩来

大智者必谦和，大善者必宽容。

——周国平

关于伟人，与其说他们是拥有创新的大脑，还不如说他们是拥有博大的胸怀。

——［美］爱默生

（二）哲理探讨

结合以上名言，探讨其中蕴含的哲理。

（三）分组演讲

结合诵阅名言及哲理探讨，参考以下角度开展分组演讲。

1. 求同存异的含义

（1）世界因不同而美丽。

（2）大智者必谦和求同。

（3）由同而合，由异而盛。

（4）君子和而不同，小人同而不和。

2. 求同存异与协作的关系

（1）求同中寻求交融。

（2）同心方能同力。

（3）多样化的团队。

（4）求同存异打造高效团队。

3. 求同存异的内在要求

（1）真正的统一。

（2）和而不同。

（3）存异有度。

（4）求同才能存异。

4. 求同存异、合作共赢的实现路径

（1）求同存异就是对别人最好的尊重。

（2）提高个人修养是求同存异的基础。

（3）博大胸怀是求同存异的关键。

（4）求大同存小异。

四、品评卓逸

（一）总结点评

1. 哲理探讨的点评

中国传统文化博大精深，儒家的"君子和而不同，小人同而不和"和道家的"智者察同，愚者察异"都体现了"求同存异"的智慧。"智者察同，愚者察异"这句话，不仅凝聚了中国传统中"民吾同胞，物吾与也"的精神，也是人类文化智慧的体现。周国平一句"大智者必谦和，大善者必宽容"，简单凝练地告诉了我们为人处世要谦和、宽容。小到个人、社会团体，大到民族、国家，如果都努力求同而不是求异，就会形成互相帮助、繁荣共生的世界文明景象。

我们要自觉从这些名言警句中汲取营养，正确认识求同存异的内涵及意义，并在生活中践行。

2. 分组演讲的点评

本课演讲共从四个角度列出了 16 个具体题目。这四个角度从宏观到微观、从感性到理性、从述内到析外，具有一定的内在逻辑。深刻理解其中逻辑、准确把握各题含义是建构好演讲线索和内容的基础。

在具体演讲中，引用经典哲理、引述成功案例能使演讲内容更加生动、论据更加确凿。结合自己的亲身经历谈体会有利于贴近实际、增强感染力。当然，细致的论据准备、充分的个人自信以及必要的演讲技巧训练亦能辅助提升演讲的整体效果和水平。

（二）习得品味

在当今世界，人与人、国家与国家、文化与文化都有各自的特点，过度凸显差异会放大分歧、制造冲突。如何携手共进、互相促生、实现共赢？什么是真正的求同存异？生活中何时需要求同，何时需要存异？这是一名大学生应该思考的问题，不论是与他人交往，还是在团队中与他人协作，或者是作为一位合格的国家公民，都应思考这些问题。通过本次课的内省，当我们试图去回答这些问题的时候，以下几点是值得再次细细品味的。

首先，什么是求同存异？"智者察同，愚者察异"虽然起初是谈养生之道，却言简意赅地道出为人处世之道与合作共赢的真谛。智者察同，人与人要互相包容，获得精神统一，相互协作才能获得共赢；愚者察异，就会计较个人得失，产生矛盾，失道寡助，导致失败。求同存异不是目的，真正内涵是为大家的共同目标而努力，求同存异之后要做什么、怎么做才是最重要的。

其次，求同存异的内在要求是什么？求同并不是追求外表的统一，并不是丝毫不差的复制，也并非千篇一律的乏味，而是万物和谐的大同，和而不同才为真正的大同。《论语》有云："君子和而不同，小人同而不和。"真正的和谐是人与人、人与社会乃至人与自然之间的宽容、理解和尊重，是共性对个性的包容和理解。真正的团队追求的是内心的和谐，而不是外在的统一。

最后，如何践行求同存异？求同存异要敢于求同，善于求同，在协商与合作中求同，要有存异的胸怀、求异的气度、辨异的本领。求同存异首先需要博大的胸怀，包括对世界万象的包容，对异己者、陌生者、不如己者的包容等，只有这样，个人才能进入博大的人生境界。其次，要学会主动求异，广开言路，虚心听取他人意见。差异多种多样，对不同性质的"异"要具体问题具体分析。对待能促进发展的"异"，应当欢迎、鼓励，并主动探寻；对待能改进工作、减少失误的"异"，应虚心接受，并积极改进；对待涉及重大是非、重大原则问题的"异"，要旗帜鲜明地坚持正确的立场，决不能迁就、妥协和退让，要进行必要的斗争。求同存异是一种智慧，也是一种人生艺术，需要在慢慢尝试摸索中获得其中的真谛，最终实现共赢。

（三）反思提升

围绕本次内省主题，在课后及以后日常生活中经常积极反思以下问题：

1. 我做到求同存异了吗？

2. 我善于协商与合作吗？

3. 我掌握求同存异的正确方法了吗？

4. 我有存异的胸怀、求异的气度、辨异的本领吗？

功成不必在我，功成必定有我

——如何依靠团队成就伟业？

"你要深信：天下没有白费的努力。成功不必在我，而功力必不唐捐。"这句话出自 1932 年胡适先生写给毕业生的送行赠言，也是这篇赠言的结尾一句。这句话启示我们：任何一项伟大事业的完成靠的不是一己之力，每个人为完成功绩、事业所付出的努力也一定不会浪费。只要我们有"功成不必在我"的胸襟和"功成必定有我"的担当，定能聚众之功力，而促一事之"功成"。

"为中国人民谋幸福，为中华民族谋复兴"的初心和使命需要广大人民无私奉献、甘当无名英雄。而当今社会各行各业发展迅速、竞争激烈，生活节奏快、压力大、变化多，容易引起人心浮躁、急功近利。作为新时代的大学生，我们如何正确看待个人作用与依靠团队成就伟业的关系？如何践行"功成不必在我，功成必定有我"的追求，从而成就一番伟业？本专题试图与大家一起探讨上述问题。

一、熟读精思

（一）内省主题

如何正确看待个人作用与依靠团队成就伟业的关系？如何践行"功成不必在我，功成必定有我"的追求？

（二）线上熟读

书目：《焦裕禄传》《弘扬爱国奋斗精神　建功立业新时代》。

（三）精思感悟

阅读以下两则材料，结合线上熟读，个人独立思考，完成思考题。

材料一

中国"天眼"之父——南仁东

南仁东是天文学家、中国科学院国家天文台研究员，自 1994 年起，一直负责 FAST 的选址、预研究、立项、可行性研究及初步设计。为了给中国建成世界最大单口径射电望远镜，南仁东带领他的团队 22 年来足迹遍布云贵 300 个喀斯特地区的洼坑。常年的野外生活异常艰苦，他克服了不可想象的困难，推辞了国外高薪的聘请。

2016 年 9 月 25 日，举世瞩目的"大射电"竣工，被称为中国"天眼"。2017

年 9 月 15 日，72 岁的南仁东把毕生精力留给了中国"天眼"，自己却永远地离去了。南老师没有能等到它产出科学成果的那一天，没有能等到他应得的荣誉、奖励，但在全国人民的心里，他毕生的事业是成功的，中国"天眼"的成功离不开他辛勤的付出。

——参见《南仁东：二十二年逐梦"天眼"，只为仰望星空》，《光明日报》，2019 年 10 月 17 日。

材料二

治沙人的传承

2019 年 3 月 22 日，《时代楷模发布厅》发布甘肃省古浪县八步沙林场"六老汉"三代人治沙造林群体先进事迹。20 世纪 80 年代初，当地六位饱受风沙之苦的老汉为了保卫自己的家园，毅然走进沙漠植树造林。38 年来，六位老汉和他们的子孙共三代人接续治沙，用世代坚守换来一条牢固的绿色防护带。

2020 年 4 月 22 日，陕西省林业局发布消息称，榆林沙化土地治理率已达 93.24%，实现了区域性的荒漠化逆转，这意味着中国四大沙漠之一——面积曾达 4.22 万平方公里的毛乌素沙漠，即将从陕西版图彻底"消失"。对陕西乃至中国而言，这都是不折不扣的"大事件"，而唤醒这一片死寂土地的，是无数治沙人的前仆后继，他们把青春和汗水都挥洒在这片黄沙上，甚至几代人为着"人进沙退"的梦想接力传承。

——参见《将消失的陕西毛乌素沙漠离不开这一家四代人植树 36 年》，《新京报》，2020 年 4 月 30 日。

思考题：

1. 南仁东、治沙人的事迹给了你什么触动和启发？你如何看待他们的选择？

2. 如何理解"南老师没有能等到它产出科学成果的那一天，没有能等到他应得的荣誉、奖励，但在全国人民的心里，他毕生的事业是成功的"？

二、返观内视

（一）困惑内照

结合熟读精思，简要回答以下问题：

1. 如何理解"没有人能独自成功"？

2. 为什么要有"功成不必在我"的精神境界？

3. 如何践行"功成必定有我"的历史担当？

（二）研讨检视

1. 如何理解"没有人能独自成功"？

（1）讨论

如何看待成功需要集体的依托？如何看待"我"的付出与"功成"结果的关系？

（2）点评

历史长河里的任何一项伟大的成就和胜利，都是无数人团结一致奋斗的结果。不论是新中国的成立还是近年来我国取得的众多科技成就如"墨子号"量子卫星、"天舟一号"货运飞船、C919 国产大飞机、港珠澳大桥等，都向我们证明个人的力量是渺小的，需要集体的依托，成功的概率才会增大。在如今这个社会里，当然需要个人能力的强大，但是将无数的个人力量聚集在一起，形成的集体力量会更加强大。

每个人都在努力地追寻着成功，但登上事业成功领奖台的永远只是少数人。如何正确认识个人与成功的关系，让人生更有价值？这就需要我们正确认识"我"。在群体面前，如何处理"小我"与"大我"的关系？如何看待"我将无我，不负人民"？其实，在任何一项伟大的事业中，每个人的辛勤付出都不是徒劳的，都是在为建功立业贡献自己的微薄之力。"功成"不是属于哪一个人，但需要我们每一个人的努力付出。

2. 为什么要有"功成不必在我，功成必定有我"的胸襟？

（1）讨论

"功成不必在我"是一种怎样的胸襟？为什么要有"功成不必在我"的胸襟？如何培养"功成不必在我"的胸襟？

（2）点评

"功成不必在我"彰显的就是一种"无我"的胸襟，甘当蜡烛，默默地坚守、付出、奉献，燃烧自己，不求唯己的"功成"之名、不求"功成"之誉，只求能用自己的微弱火光点亮成功的灯盏。"杂交水稻之父"袁隆平、除"三害"的焦裕禄、中国"天眼"之父南仁东等人及一些幕后工作者都用实际行动为我们展示了"功成不必在我"的精神，他们几十年如一日地辛勤付出，不计荣辱得失，不计功名利禄。

"心底无私天地宽。"人若被一己私欲蒙蔽，将很容易陷入自我纠结之中，情绪也会变得消极，行事效率低下，个人的发展也会受限。任何事情只有摆脱一己之私，拥有"功成不必在我"的博大胸襟，着眼大局，端正个人利益与集体利益、眼前利益与长远利益、个人利益与国家利益之间的相互关系，树立正确的业绩观、奋斗观和成功观，才能拥有最后的成功。作为新时代的大学生，我们更应该专心、专注、专业地传好这一棒，始终勤于奋斗，无愧于自己、无愧于国家、无愧于人民，在伟大蓝图绘制中添上属于自己的一笔。

3. 如何践行"功成不必在我，功成必定有我"的历史担当？

（1）讨论

如何看待"在我"与"有我"的区别？如何体现"有我"？如何践行"我"的责任？

（2）点评

"不必在我"不是"不需有我"，不是袖手旁观，而是一种胸襟、一种无私奉献的精神境界；"必定有我"不是"只能有我"，不是唯己，而是一种使命、一种责任担当、一种竭尽全力的坚守。例如，在 2020 年抗击新冠病毒疫情中，一批批白衣战士自告奋勇，奔赴一线，那一张张请战书就是"有我"的最鲜活的担当体现。为了人民无恙、国家安宁，他们"不计报酬，无论生死"，冲锋在前。十几亿人民万众一心、众志成城，谱写了伟大的抗疫精神。

在努力实现任何一项伟业，比如中国梦的实现过程中，都需要我们每一位国人有这种胸襟和担当。首先应该有务实精神，在前人的基础上把自己该做的事做好，甘于做重复性、基础性的工作；其次要用长远的眼光看问题，除了做眼前的工作，还要长远考虑、统筹规划，传好手中的接力棒。总之，以"必定有我"的担当干好眼前的事、分内的事、本职的事，以"不必在我"的胸襟去干实事、解难事、办大事，把"必定有我"的担当落到实处。

（三）体会返观

根据困惑内照和研讨检视，通过参与教学活动，分享自己的习得体会。

三、口诵心惟

（一）诵阅名言

众心成城，众口铄金。

——《国语·周语下》

政贵有恒。

——《尚书·周书·毕命》

成功不必在我，而功力必不唐捐。

——胡适

立志者，当计其大舍其细，则所成之事业，当不至限于一隅，私于个人矣。

——周恩来

"大我"与"小我"在矛盾时，个人利益便应做出让步。

——史铁生

正确的道路是这样，吸取你的前辈所做的一切，然后再往前走。

——［俄］列夫·托尔斯泰

人生不是一支短短的蜡烛，而是一支暂时由我们拿着的火炬。我们一定要把它燃得十分光明灿烂，然后交给下一代的人们。

——［爱尔兰］萧伯纳

（二）哲理探讨

结合以上名言，探讨其中蕴含的哲理。

（三）分组演讲

结合诵阅名言及哲理探讨，参考以下角度开展分组演讲。

1. 对个人作用与依靠团队成就伟业的关系的认识

（1）没有人能独自成功。

（2）功力必不唐捐。

（3）团队助我成功。

（4）拿好自己的接力棒。

2. 对"无我"胸襟的认识

（1）不要人夸颜色好，只留清气满乾坤。

（2）出"功成"之力，而不求"功成"之誉。

（3）只有聚众、积久之功力，方有一事之功成。

（4）举"无我"之火把，点成功之灯盏。

3. 对"有我"担当的理解

（1）"功成在谁"诚可期，"功成有我"最可贵。

（2）自己栽树，让后人乘凉。

（3）功高不必自傲，功成不忘初心。

（4）一代人有一代人的使命与担当。

4. 对自我追求与实现成功关系的认识

（1）"不贪一时之功，不图一时之名"。

（2）既要做显功，也要做潜功。

（3）乐为人才让路，甘当绿叶扶红花。

（4）继往开来，久久为功。

四、品评卓逸

（一）总结点评

1. 哲理探讨的点评

成功，是一个永恒的话题。人类社会的发展，源于对成功的追求和实现。如何看待个人的作用，如何正确理解"大局观、事业观、政绩观"，离不开对个人与成功关系的思考。"政贵有恒"告诉我们为政贵在长久，干事业需要持之以恒；"吸取你的前辈所做的一切"表明要重视前人的付出和积累；"人生……是一支暂时由我们拿着的火炬"说明了人类的传承需要每一代人继往开来，并付出自己的努力。这些都告诉我们建功立业绝非易事，干事业就像接力赛跑一样，除了要自己跑好外，关键还得接好棒、传好棒。

周恩来提到，一个人必须为国家民族立大志，才能成大事。这告诫我们成大事需要从大局出发，不要只盲目追求眼前的利益和一己私利，显示了对"大我"与"小我"的思考，真正的成功从来不是个人名利的获得。

我们要自觉从这些名言警句中汲取营养，提升思想境界，勇于承担责任，真正领会"功成不必在我，功成必定有我"的含义并努力付诸实践。

2. 分组演讲的点评

本课演讲共从四个角度列出了 16 个具体题目。这四个角度从宏观到微观、从感性到理性、从述内到析外，具有一定的内在逻辑。深刻理解其中逻辑、准确把握各题含义是建构好演讲线索和内容的基础。

在具体演讲中，引用经典哲理、引述成功案例能使演讲内容更加生动、论据更加确凿。结合自己的亲身经历谈体会有利于贴近实际、增强感染力。当然，细致的论据准备、充分的个人自信以及必要的演讲技巧训练亦能辅助提升演讲的整体效果和水平。

（二）习得品味

"功成不必在我，功成必定有我"这句哲言值得青年学生们认真思考，要正确认识个人成功与集体成功、"大我"与"小我"、个人价值与社会价值之间的关系。厘清这些关系，明白其中的道理，影响着我们对人生价值的思考，也关乎我们人生的选择和未来的成长。通过本次课的内省，当我们试图去回答这些问题的时候，以下几点是值得再次细细品味的。

首先，个人成功与集体成功有什么关系？建立伟业仅靠一个人是很难实现的，必定要依靠集体，集体中每位成员的辛勤付出都在为最终的胜利添砖加瓦，胜利的果实也属于集体里的每一位成员。个人的成功摆脱不了集体的依托，也需要权衡好个人利益与集体利益之间的关系，要学会牺牲"小我"成就"大我"。相信在伟大事业实现的那一刻，每一位奉献者的成就感比实现个人的小成功要都更加实足。

其次，"功成不必在我，功成必定有我"的真正含义是什么？"功成在谁"不重要，"功成有我"最可贵，愿竭"功成"之力，而不求"功成"之誉，体现的是无私奉献的"无我"精神，是胸怀天下、务实担当的忘我境界。从古至今，从大禹治水"三过家门而不入"，到顾炎武的"天下兴亡，匹夫有责"，从无数先烈奋勇向前，到消防战士、白衣战士逆风而行，太多的事迹为我们展现着"功成不必在我，功成必定有我"的精神。

最后，如何践行"功成不必在我，功成必定有我"的胸襟和担当，做好社会主义接班人？中华民族的伟大复兴不是哪一个人的事情，为了实现这个愿望，亿万人魂牵梦萦，几代人上下求索。作为社会主义接班人的我们，需要发扬"功成不必在我，功成必定有我"的精神，真正做到"舍小我，顾大我"，不贪一时之功，不图一时之名，坚定信念，甘做潜功，不惧困难，敢于担当，才能不辱使命，不负时代重托！

由此，通过本次内省，我们需要谨记：成功是个人价值的体现，也是社会价值的体现，我们应有"不必在我"的胸襟、"必定有我"的担当，躬身实践，培养大局观，争做事业进步的"铺路石"、引领社会的"燃灯者"、国家发展的"中坚者"。

（三）反思提升

围绕本次内省主题，在课后及以后日常生活中经常积极反思以下问题：

1. 我正确认识个人作用与依靠团队成就伟业的关系了吗？

2. 我具备"功成不必在我"的精神境界吗？

3. 我具有"功成必定有我"的历史担当吗？

4. 我有"钉钉子"和"一张蓝图绘到底"的精神吗？

成功篇

与时代主题同心同向

——青年学生应树立什么样的成功观？

"我们活着不能与草木同腐，不能醉生梦死，枉度人生，要有所作为。"革命烈士方志敏用自己短暂的一生践行了他所说的这句话。毛泽东主席称赞他是"以身殉志，不亦伟乎"的人民英雄。

在当今百年未有之大变局的时代，国际形势纷繁复杂，各种不确定不稳定的因素明显增多。在复杂的环境下，如何去评价一个人、一家企业甚至一个国家是否成功？似乎大家对于成功的定义没有形成一个统一的标准。成功是什么？衡量成功的标准有哪些？我们应该树立什么样的成功观？青年学生应该怎样做才能成功？本专题试图与大家一起探讨上述问题。

一、熟读精思

（一）内省主题

什么是成功？青年学生应树立什么样的成功观？

（二）线上熟读

书目：《做最好的自己》《做执着的追梦人》。

（三）精思感悟

阅读以下两则材料，结合线上熟读，个人独立思考，完成思考题。

材料一

黄大年——振兴中华，乃我辈之责

"振兴中华，乃我辈之责。"这是黄大年在大学毕业之际写的一句话。和当年立志为中华之崛起而读书的周恩来总理一样，在年少的时候他就拥有了如此的抱负和胸怀。

26 年之后，他通过自己的刻苦钻研，成为航空地球物理领域的顶级科学家。坐拥位于剑桥大学旁边的花园别墅、豪华汽车，他的生活早已经超出了衣食无忧的水平线，他的妻子也拥有自己的两家诊所，但是他从未忘记自己中国人的身份。

黄大年在他 50 岁的那一年，得知中国开始实施海外高层次人才引进计划，他说服了家人、回到了祖国，成为第一批回到东北发展的海外专家。当时，他的妻子希望定居在国外，黄大年提出即便离婚也一定要回国。他曾这样解释道："想回来，需要果断，就是这么简单。对我而言，我从未和祖国分开过。只要祖国需要，我必全力以赴，这也是从小父母的教诲——为国担当。"

回国7年，黄大年为国家培养出了26名硕士、18名博士，带领着众多科学家创造了多项国际第一。其中，他与团队开发出的用于探测海底天然气的地壳一号弥补了中国海洋探测领域的不足。黄大年的回国更是被外国媒体称：他的回归将会使美国航母急退100海里。

黄大年曾说："人的生命相对历史的长河不过是短暂的一现，随波逐流只能是枉自一生。若能做一朵小小的浪花奔腾，呼啸加入献身者的滚滚洪流中，推动人类历史向前发展，我觉得这才是一生中最值得骄傲和自豪的事情。"

——参见《2017感动中国十大人物黄大年——用生命叩开地球之门的海归教授》，央视网，2018年3月2日。

材料二

贺星龙——"80后"最美乡村医生

1996年，贺星龙初中毕业，考上了山西运城民办卫校，3000元学费在乡亲们你家三十、他家二十的拼凑中才得以凑齐，可以说是乡亲们把他送上了求学之路。当时，他就发誓，一定要把医术学好，将来给乡亲们看病，回报大家的恩情。

贺星龙用自己的行动实践了自己的承诺。学成之后，他没有留在大城市，而是选择回到村子里做了一名医生。只要是乡亲们打来电话，他不管是什么时间，也不管天气如何，都会出诊。从步行到自行车，再到摩托车，变的是他的出行方式，不变的是他随叫随到24小时服务的承诺。

他为了一家的生计考虑曾经动摇过，是否要去县城开诊所。但是当他意识到乡亲们是把自己的命都交给了他时，他知道自己不能走，就决定打死也不走了。而这一留就是二十年。

在这期间，他医治病人4600多人，出诊量达165000人次，免收出诊费350000余元，免收13户五保户药费45689元，背负23500余元债务。他用自己的实际行动守护了周边28个村4600余名百姓的健康。2017年5月23日，贺星龙当选为山西省出席党的十九大代表。

——参见《贺星龙：17年守护28村百姓报恩情》，新华网，2017年10月17日。

思考题：

1. 如何理解黄大年所说的"随波逐流只能是枉自一生"，而要做一朵呼啸加入洪流中的"浪花"？

2. 贺星龙的故事给了你什么启示？

二、返观内视

（一）困惑内照

结合熟读精思，简要回答以下问题：

1. 成功就是掌大权、挣大钱、住豪宅、开豪车吗？

2. 如何发挥时代主题的作用？

3. 如何将时代主题融入个人成功观之中？

（二）研讨检视

1. 成功就是掌大权、挣大钱、住豪宅、开豪车吗？

（1）讨论

你曾经听过人生最幸福的是"钱多事少离家近，位高权重责任轻"吗？只有钱多、位高、权重才算成功吗？成功的人就一定是有钱有权的人吗？当成功只有金钱、地位和权力这三个衡量的标准时，会产生什么样的结果？

（2）点评

金钱、地位和权力，有的人认为拥有了这三者就意味着成功。殊不知，适当的物质追求无可厚非，但变质的、过度的物质追求不仅不意味着成功，反而可能使人陷入物欲的泥潭不能自拔，最终可能误入歧途、自毁前程，沦为金钱的奴隶、权力的俘虏，成为一具没有灵魂的躯壳。其实，金钱、地位和权力都是外在的，真正的、深层次的成功离不开对精神财富的追求。保持初心，成为一个有益于国家和人民的人，即使"一箪食，一瓢饮，在陋巷"，也仍然可以"人不堪其忧，回也不改其乐"。青年学生应该学会如何厘清金钱、地位和权力与个人成功之间的关系，树立正确的金钱观、地位观、权力观和成功观，让自己在纷繁复杂的社会竞争中健康成长。

2. 如何发挥时代主题的作用？

（1）讨论

一个人的成功观是如何形成的？为什么需要将时代主题融入个人的成功观中？时代主题的作用应该如何体现？

（2）点评

当今时代，世界正在向着多极化的方向不断发展，经济正在向着全球化的方向不断深化。这给中国的发展带来了巨大的动力以及机遇，但同时也面临着巨大的挑战。如何在错综复杂的世界环境中实现中华民族的伟大复兴？单靠少数的个体或者团队是很难的，它需要一代又一代的青少年不断地朝着同一个方向奋斗。发挥时代主题的作用，其实就是要发挥成功观的作用。没有正确的成功观的引导，很容易迷失方向，滋生不良风气，阻碍国家、社会、人民诉求的实现。为此，首先要在全体国民心中树立明确的主题目标，只有全社会都达成了共识，才能心往一处想、劲往一处使。其次要形成统一的衡量成功的标准，各行各业的人都能结合自己的职业去追求个体的成功，最后形成合力，助力整个国家的时代主题取得成功。

3. 如何将时代主题融入个人成功观之中？

（1）讨论

如何让个性化发展的需求在当代绽放光彩？如何实现个体成功与时代主题的统一？

（2）点评

如果将时代比作舞台，我们就是演员。这个舞台越大，能够给予演员表现的机会才会越多，演员取得成功的几率才会越大。同时，只有当取得成功的人越多、这些成功对于社会的贡献越大的时候，时代这个舞台才会随之变得更加丰富多彩。但如果人心不齐、各谋私利，将个人的成功建立在损害国家、人民的利益之上，那么即使个人的欲望在短时间内得到了满足，最终也不可能成功，更不可能获得社会和他人的认可。因此，要实现国家富强、民族振兴和人民幸福的中国梦，需要社会中的每一个人自觉地将其融入自己的人生目标中去，也就要求每位社会成员树立正确的成功观和远大的理想，将自己的命运和国家人民的命运紧密地连接在一起。究其核心，就是要实现个人价值与社会价值的统一。一方面，一个人所能取得的最大的成功，就是在实现"小我"的个体价值的过程中，去成就国家富强、民族振兴的"大我"。另一方面，树立新时代的成功观，需要植根于中国大地、融合中国传统文化、吸取优秀的传统成功精神之精华、充分发挥社会主义核心价值观对于成功观的引领和教化作用。

（三）体会返观

根据困惑内照和研讨检视，通过参与教学活动，分享自己的习得体会。

三、口诵心惟

（一）诵阅名言

或生而知之，或学而知之，或困而知之，及其知之，一也。或安而行之，或利而行之，或勉强而行之，及其成功，一也。

——《礼记·中庸》

玉不琢，不成器；人不学，不知道。

——《礼记·学记》

生无益于时，死无闻于后，是自弃也。

——［北宋］司马光

一个真正的人，应该为人民用尽自己的才智、专长和精力，再离开人间。不然，他总会感受到遗憾，浪费了有限的生命。

——曹禺

生命，如果跟时代的崇高的责任联系在一起，你就会感到它永垂不朽。

——［俄］车尔尼雪夫斯基

成功就是把未来变成梦想，然后把梦想变成现实。

——［法］居里夫人

成功的意义应该是发挥了自己的所长、尽了自己的努力之后，所感到的一种无愧于心的收获之乐，而不是为了虚荣心或金钱。

——［法］罗曼·罗兰

在一个崇高的目的支持下，不停地工作，即使慢，也一定会获得成功。

——［美］爱因斯坦

（二）哲理探讨

结合以上名言，探讨其中蕴含的哲理。

（三）分组演讲

结合诵阅名言及哲理探讨，参考以下角度开展分组演讲。

1. 对成功的总体认识

（1）我心中的成功人士。

（2）我对于成功的理解。

（3）成功与人生的关系。

（4）正确看待成功。

2. 对时代主题与成功观的认识

（1）中国梦与当代青年。

（2）成功不等于钱和权。

（3）我和我的家乡。

（4）青年人的家国梦。

3. 对崇高的成功观的认识

（1）国家民族的方向。

（2）将青春献给人民。

（3）我所在的新时代。

（4）新时代需要的我。

4. 如何树立正确的成功观

（1）树立正确的理想信念。

（2）一切为了人民的利益。

（3）脚踏实地地努力奋斗。

（4）让磨难成为我的翅膀。

四、品评卓逸

（一）总结点评

1. 哲理探讨的点评

成功观是人们对于什么是成功的一种观点。从古到今，关于什么是成功的探讨从来没有停歇过。青年学生正处于追求个人成功的关键时期，作为国家未来的接班人和建设者，需要积极正面的方向引导，树立崇高的成功观。正如上述名言中提到了成功的意义"不是为了虚荣心或金钱"。"成功就是把未来变成梦想，然后把梦想变成现实""生命，如果跟时代的崇高的责任联系在一起，你就会感到它永垂不朽""在一个崇高的目的支持下""为人民用尽自己的才智、专长和精力"都表明了崇高的成功观和时代、人民的需求紧密相连。要树立崇高的成功观，就是要将时代主题融入个人的成功目标中去。每个人在实现个人成功的同时，会促进社会的进步。每个个体所取得的成功越大，对于社会的推动作用就越大。同时，时代发展所带来的"趋势"也会助力个人取得更大的成功。

总之，每个个体的成功都是立足于所处时代发展之上的，时代的进步也需要所有个体的奋斗来共同推进，二者互为影响、相辅相成。所以，青年学生要懂得将自己的成功观与时代主题同心同向、同频共振。

2. 分组演讲的点评

本课演讲共从四个角度列出了 16 个具体题目。这四个角度由浅入深、由表及里、层层推进，各自独立又相互联系，具有一定的内在逻辑。深刻理解其中逻辑，清晰认识各题目的内涵，构思好演讲脉络，是本次演讲顺利的基础。

在具体的演讲中，巧妙运用与成功相关的名言警句，以实例为依托讲述名人的成功观，能更好地丰富内容和提升思想，给人深刻的思想陶冶和令人奋发的精神食粮。此外，结合自身实际经历，也可以深化自己对成功观的认识。在演讲过程中需要注意的是，案例的选用一定要鲜明生动且具有一定的层次感，适当结合自己的人生规划可以起到加强论证的效果。

（二）习得品味

成功是什么？是成为富翁吗？是成为高官吗？有的人觉得是，因为物质和权力就是他们的奋斗目标。但我们需要知道，成功还有更高层次的表现。通过本次课的内省，当我们试图去寻找崇高的、适合青年学生的成功观时，有几个方面是值得继续认真思考的。

首先，大学生错误的成功观具体表现在哪些方面？这种错误的成功观是如何形成的？搞清这些问题是树立正确的成功观的前提。自 1978 年 12 月党的十一届三中全会以来，我国经济得以迅速发展，人民物质生活水平得到了极大的提高，但在思想文化领域却出现了一些不和谐的声音。社会上有一些人将钱财的多少、地位的高低或权力的大小奉为衡量一个人成功与否的圭臬。甚至有部分人为了追求自身所谓的成功，视国家和他人的利益如无物。这种自私短视、急功近利、观念扭曲，甚至无视道德与良知的错误思想蔓延开来，给"不经一番寒彻骨，怎得梅花扑鼻香""玉不琢，不成器"的奋斗观和成功观带来了不小的冲击，对社会风气造成了极其恶劣的影响。风气是会流动的，当涉世不深甚至还未涉世的青年学生受到这些不良影响时，其中一些人就被误导了，他们的辨识能力还有待提高。

这时，教育便要发挥重要作用，正如本次内省课的主题一样。

其次，青年学生应该树立什么样的成功观？怎样树立正确的成功观？成功可以是"宏大"的，比如"为天地立心，为生民立命，为往圣继绝学，为万世开太平"的抱负，或是"天下兴亡，匹夫有责""悬壶济世"的担当。成功也可以是"渺小"的，比如，做一个自食其力、遵纪守法的好公民，做一个孝顺懂事、勤奋好学的好学生，做一个爱岗敬业、具有职业操守的好员工，做一个热爱生活、甘于平凡的普通人。综合来看，无论所谓的大成功还是小成功，都包含着或对社会有贡献、或对他人有裨益、或每天进步一点点的意义，都是指内心的安宁和满足感的获得，是个人人生理想的实现。新时代需要树立、弘扬的正是这种成功观，它既体现出成功的个性化需要的包容性，又体现出国家民族对于全体公民的引导性，只要是积极正面的、不断奋斗的、持之以恒的、勇于承担的、敢于奉献的，都是成功观在不同人身上呈现出来的优秀特质。也就是说，成功就是要实现个人价值和社会价值的统一。个体通过实现"小我"的成功推动和促进社会的发展，最终实现国家民族"大我"的成功。一个人想取得成功不容易，一个国家想获得成功更不容易。我们应该团结一心，在同一个目标的指引下各司其职，在成就最好的自己的同时，必将最终实现国家、民族和人民的整体成功。

由此，通过本次内省，我们需要谨记：青年人唯有树立远大的目标，勇于承担使命和责任，德才兼备，热爱生命，关心自然，拥有博大的胸怀，才能在服务社会中建功立业，实现个人人生价值的升华。

（三）反思提升

围绕本次内省主题，在课后及以后日常生活中经常积极反思以下问题：

1. 现在的我应该为成功做何准备？
2. 我是否为成功不断发奋向前呢？
3. 我的成功观还有哪些更高的境界？
4. 个人的成功如何与中国梦相融合？

在创新创业中展示才华、服务社会

——青年如何实现人生出彩？

"学贵知疑，小疑则小进，大疑则大进。疑者，觉悟之机也。"这段话来自明代陈献章的《白沙子·与张廷实》，意思是说要勤于思考、勇于质疑，小的疑问会带来小的进步，大的疑问会带来大的进步。有怀疑正是觉醒、领悟的基础，而是否能够提出问题、思考问题正是检验一个人是不是具有创造才能的重要标准。

新时代的大学生对于创新创业一词不可谓不熟悉。浏览各种新闻媒介，大学生积极创新创业、走上人生巅峰的案例更是让人应接不暇。那么同学们了解创新创业吗？怎样才能提升自己的创新创业能力？如何去践行创新创业？本专题将带领大家一起探索创新创业之于人生和社会的价值。

一、熟读精思

（一）内省主题

新时代创新创业的含义是什么？如何做到在创新创业中实现人生出彩？

（二）线上熟读

书目：《创业学：理论与实践》《从 0 到 1：开启商业与未来的秘密》《创新创业：思维、方法与能力》。

（三）精思感悟

阅读以下两则材料，结合线上熟读，个人独立思考，完成思考题。

材料一

从追赶到领先——华为的创新之路

华为技术有限公司（以下简称"华为"）成立于 1987 年。得益于改革开放，经过 30 多年的拼搏努力，华为这艘大船终于划到了"与世界同步的起跑线"上。华为从小到大、从大到强、从国际化到全球化的全过程，就是基于创新的成功。

华为过去 30 多年的成功，是基于客户需求的工程、技术、产品和解决方案创新的成功。①遵循全球主流标准，搭"大船"出"大海"。华为采用世界最先进的技术、零部件、软件及平台，站在"巨人"的肩膀上，与顶尖"高手"过招，才能更快进步，才能取得行业技术主导权。②以客户需求为牵引，建立联合创新中心。发展到今天，华为与客户和合作伙伴建立了遍及全球的 36 个联合创新中心。③开放式创新，利用全球资源，与合作伙伴共建共享。围绕着全球技术要素及资源，华为在全球建立了超过 16 个研发中心、60 多个基础技术实验室。④压强原则，厚积薄发。技术、解决方案创新背后是持续的研发投入。华为在研发领域的投资不惜成本，不仅投资于现在，同时投资于未来。⑤管理的创新。从 1997 年开始，华为构建了研发、供应链、财经、人力资源、市场等国际化的并经过最佳实践证明的流程体系，从而奠定了走向世界的管理基础；同时，确保了企业的运行和创新是有序的，通过确定性的流程和方法来应对创新的不确定性。⑥与科研院所的合作。2011 年以来，在芯片、人工智能（AI）、计算机等领域，华为与中国科学院 34 家合作单位开展了 286 项合作。

面向未来，华为的创新该如何进行？①预判：人类将进入智能社会；②基础：理想主义与现实主义的结合；③路径：从"创新"到"发明"；④思想理念：开放式创新，包容式发展；⑤方法论：愿景假设＋技术突破；⑥流程：以"信息为中心"，增加布局"突变的技术"；⑦战略举措：与大学及科研机构合作，技术投资。

华为的愿景和使命是"把数字世界带入每个人、每个家庭、每个组织，构建万物互联的智能世界"。这意味着它将继续开放、合作，与全球科学家、研究机构、伙伴、产业一起共建未来的智能世界。

——参见徐文伟：《从追赶到领先——华为的创新之路》，载《中国科学院院刊》，2019 年第 10 期。

材料二

返乡创业大学生——心中一直有个美丽乡村梦

何美凤，生于 1989 年，湖南农业大学研究生毕业，专业是水生生物。2016 年何美凤毕业后，一直从事教育培训工作，工资待遇还不错。但是她的心中一直有个美丽乡村梦，希望能够将自己的专业知识应用到振兴家乡中。

2018 年，她将自己返乡创业——推广小塘麻鸭的想法和陈艳玲、毕涛分享后，三人一拍即合，从城市"白领"变身新时代"潮农"。当年年底，他们三个人成立了新邵县城山头生态农业合作社。2019 年采取村民入股分红的模式，流转土地种植 400 亩优质稻，养殖小塘麻鸭 5 万多羽。

创业的道路非常辛苦，但是一分耕耘一分收获，三人分工明确，重视养殖质量，很快获得了市场的肯定。同时，能带动当地的贫困户增收更是让他们觉得自己所做的事情非常有意义。他们希望通过自己的实际行动，吸引更多的有志青年返乡创业。

——参见童中涵：《湖南邵阳返乡创业大学生：心中一直有个美丽乡村梦》，"学习强国"湖南学习平台，2020 年 6 月 11 日。

思考题：

1. 华为的创新之路给你创新创业带来什么启示？

2. 何美凤的故事给了你什么启示？

二、返观内视

（一）困惑内照

结合熟读精思，简要回答以下问题：

1. 如何看待"创新创业和我没有什么关系"？

2. 你觉得怎样的人生才算出彩？

（二）研讨检视

1. "创新创业和我没有什么关系"是对的吗？

（1）讨论

创新创业有何重要意义？你是否听过或者自己曾经也认为：创新是科学家的事，创业是企业家的事，这都不是我们大学生能干得了的事情，所以和我们大学生有什么关系？

（2）点评

谈及创新创业的话题，有的同学会觉得距离自己很遥远，认为创新就是特别高大上的事情，只能和科学家这样级别的人物联系在一起，自己根本就不可能做到。而考虑是否会选择创业的问题还言之过早，或者根本就没有考虑过。大多数同学对自己的未来没有非常明确的规划，选择将自己封闭在安全的象牙塔里，暂时逃避外面的世界。

创新是一个民族进步的灵魂，也是个人发展和国家兴旺发达的不竭动力。现在世界正面临百年未有之大变局，国际格局正在经历战略性调整，大国之间的角逐从未停歇过。大学四年时间，如果我们不积极主动地做好准备，做不到未雨绸缪、加强磨砺、厚积薄发，将逐渐被时代抛下。

2. 新时代对我们提出了什么样的要求？

（1）讨论

"钱学森之问"给了我们什么启示？大学为什么要开展创新创业教育？大学毕业只要能找到好工作不就行了吗？

（2）点评

当代国家之间最核心的竞争就是杰出人才的竞争。今天的青年学生就是社会主义现代化强国未来的接班人和实现中华民族伟大复兴的中国梦的主力军。大学生要增强自身的竞争力，除了完成自己的学业以外，还需要有意识地、自觉主动地培养自己的创新精神、创业意识、创新创业能力等。例如，在理论学习时培养自己勤学多问的习惯，注重在实践中培养自己发现、提出和解决问题的意识与能力。大学是我们人生的另一个起点，我们应该培育自己敢闯、愿想、会创的精神，结合自己的人生目标不断努力。经过长期的努力，培育出一个精神上敢闯、实践上会创、具有创新精神的杰出自我！

3. 新时代大学生如何抓住机遇创新创业,从而实现人生出彩?

(1) 讨论

大学生如何培育创新精神?大学生如何培养创业意识?大学生如何具有创新创业能力?什么样的人生才是出彩的人生?

(2) 点评

创新、创业二者交织在一起,共同构成了同学们区别于一般意义上的成功的人生。学会创新、创业,追求一个出彩的人生,看起来似乎是一件特别难的事情,却是这个时代对于当代有志青年发出的召唤。学会创新,要求大学生熟练掌握专业知识,培养创新的思维、掌握创新的方法。学会创业,要求大学生有一技之长,熟悉市场运作,善于整合优势资源,培养敢于冒险的精神。增强创新创业能力,要求大学生心中有家国、眼中有团队,逐渐成长为具有卓越能力的社会脊梁,能为国分忧、为民解难。真正学会这三件事,需要同学们付出比常人更多的努力、具备比常人更加坚定的信念。也只有真正学会这三件事,才能在未来改变社会、增强国力的过程中成就自己出彩的人生。

(三) 体会返观

根据困惑内照和研讨检视,通过参与教学活动,分享自己的习得体会。

三、口诵心惟

(一) 诵阅名言

君子之学必日新,日新者日进也。不日新者必日退,未有不进而不退者。

——《二程集》

同是不满于现状,但打破现状的手段却不同:一是革新,一是复古。

——鲁迅

科学也需要创造,需要幻想,有幻想才能打破传统的束缚,才能发展科学。

——郭沫若

不断变革创新,就会充满青春活力;否则,就可能会变得僵化。

——[德] 歌德

人类的创新之举是极其困难的,因此便把已有的形式视为神圣的遗产。

——[德] 克里斯蒂安·蒙森

科学最伟大的进步是由崭新的大胆的想象力所带来的。

——[美] 约翰·杜威

独创常常在于发现两个或两个以上研究对象或设想之间的联系或相似之点。

——[英] 威廉·贝弗里奇

一个人想做点事业,非得走自己的路。要开创新的路子,最关键的是你会不会自己提出问题,能正确地提出问题就是迈开了创新的第一步。

——[美] 李政道

（二）哲理探讨

结合以上名言，探讨其中蕴含的哲理。

（三）分组演讲

结合诵阅名言及哲理探讨，参考以下角度开展分组演讲。

1. 创新创业的含义

（1）君子之学必日新。

（2）大学生创新创业。

（3）创新和创业之间的关系。

（4）我的创新创业规划。

2. 在创新创业中展示才华

（1）敏于观察，勤于思考，善于综合。

（2）我创造，所以我存在。

（3）是雄鹰，就当搏击长空。

（4）创业是磨砺的开始。

3. 创新创业与服务社会

（1）创新改变生活。

（2）创业促进就业。

（3）创新是民族进步的灵魂。

（4）创新创业对社会的影响。

4. 在创新创业中实现人生出彩

（1）溪有阻石，方有歌声。

（2）把心种在铁树下，铁树也能开花。

（3）惟改革者进，惟创新者强，惟改革创新者胜。

（4）人生和创业是一条悟道之路。

四、品评卓逸

（一）总结点评

1. 哲理探讨的点评

创新是一个民族进步的灵魂，更是一个民族矗立于世界前列的关键。从古至今，中华民族就是一个富有创新精神的民族，在实践的过程中出现了很多劝人创新、重视创新创业的圣贤名言。正如上述名言中，"有幻想才能打破传统的束缚，才能发展科学"指明了创新的根本目的；"不日新者必日退"说明了创新的重要性；"君子之学必日新，日新者日进也"说出了创新创业的内在要求；"需要幻想""打破传统的束缚""能正确地提出问题"阐释了创新创业的途径和方法。

从国家发展和民族振兴的高度来看，青年学生作为未来的建设者投身创新创业具有非常重要的意义。追求创新创业的人越多，社会各行各业就会涌现出越多的创新成果，能进一步促进技术的改良或改革，给人们的生活带来更好的体验。新时代的大学生要树立勇于承担责任和积极投身创新的正确态度。我们需要不断对标历史和现实，正确地认识创新创业，在创新创业中实现人生价值，书写华丽篇章。

2. 分组演讲的点评

本课演讲共从四个角度列出了 16 个具体题目，这些题目涉及创新创业的各种内容，能够引导同学们对创新创业开展对标反思，鼓励同学们不断提升自我的创新能力、探索自我是否真的适合创业，并引导同学们对创业做出相应的计划和准备。

在具体演讲中，引用经典哲理、引述成功案例能使演讲内容更加充分、论据更加确凿。结合自己的亲身经历和对于创业的集体设想谈体会有利于贴近实际、增强感染力。当然，细致的论据准备、充分的个人自信以及必要的演讲技巧训练亦能辅助提升演讲的整体效果和水平。

（二）习得品味

什么是创新创业？如何在创新创业中实现人生出彩？这是当代大学生需要认真思考的问题。这是一个大众创业、万众创新的新时代，大学生又是这个创新创业时代的主力军，对于这些问题的思考不仅关系到自身未来生活的出彩与否，更关系到时代的进退和中华民族的兴衰。通过本次课的内省，当我们试图去回答这些问题的时候，以下几点是值得再次细细品味的。

首先，关于什么是创新创业。讨论新时代创新创业的含义，是思考如何去培育大学生创新创业能力的前提。什么是创新创业？创新创业包含哪些内容？创新和创业之间有什么联系？这都是需要我们思考的问题。对于什么是创新创业，我们在生活中或多或少都听到过关于这个问题的回答，这些回答大多比较片面，或来源于"过来人"的失败感悟、或来源于对杰出人物的感叹。那么，创新创业真的和他们说的一样，和大学生距离很遥远、没有关系吗？我们可以从创新的意义、创新的来源、创新的分类、创新与创业的关联、创新与创业的环境与条件、创新创业的功能与贡献等多个角度进行探讨。事实上，新时代的创新早已从以前单一的科技创新扩大到社会的各个领域中，例如文化创新、制度创新、技术创新、管理创新等。结合我们青年学生的视角，创新创业是为了满足社会需求，通过改进或者创造新的事物、方法、元素、路径、环境等最终取得一定积极效果的行为。我们可以对照榜样，了解自己的差距，通过实践了解什么样的方式方法有助于自己提升创新创业能力。

其次，关于如何在创新创业中实现人生出彩。讨论这个问题，是正确规划自己未来人生目标的前提。对这个问题的回答，可以从创新精神、创业意识和创新创业能力这三个方面来展开。这就意味着我们必须搞清楚以下问题："钱学森之问"给了我们什么启示？大学为什么要开展创新创业教育？大学毕业只要能找到好工作不就行了吗？大学生如何培育创新精神？大学生如何培养创业意识？大学生如何具有创新创业能力？什么样的人生才是出彩的人生？回答好这些问题，需要从世界、国家、民族、个人发展等各个不同的宏观和微观角度去反思。正如电视片《复兴之路》中的解说词所说："20 世纪的最后 20 多年，在世界的东方，中国进行了一场卓有成效的社会变革，解放了思想的中国人迸发出蓬勃的创造力，书写了一个时代最为传奇的一页。"青年学生是国家未来的脊梁，青年强则国强，只有当我们每一个青年学生理解并勇于站起来承担自己的时代责任时，才能真正挑起国家的大梁。

由此，通过本次内省，我们需要谨记：创新创业大多数来源于对于创新创业机遇的苦心寻求，要养成敏而好学和敢闯、愿想、会创的好习惯。青年一代只有怀揣梦想、与时代同行、练就过硬本领，才能实现人生的出彩。

（三）反思提升

围绕本次内省主题，在课后及以后日常生活中经常积极反思以下问题：

1. 我的创新创业能力如何？

2. 我将如何提升我的创新创业能力？

3. 如果要去创业，我有哪些优势和劣势？

4. 我做到在服务社会中实现人生出彩了吗？

青春由磨砺而出彩

——如何看待挫折与困难？

"尘劳迥脱事非常，紧把绳头做一场。不经一番寒彻骨，怎得梅花扑鼻香。"这首唐代的《上堂开示颂》借梅咏志，鼓励世人要想修成正果、成就一番大事业，必须要经得住考验，不怕挫折、不怕失败。就像梅花一样，只有经受住寒风暴雪，才会傲然挺立、香气扑鼻。

回望历史，中华民族在磨砺中成长，在磨难中奋起，不断从一个胜利走向另一个胜利。无数事实也证明，伟大的事业离不开磨砺和磨难，历史只会眷顾那些勇敢的拼搏者，而不会等待那些怯懦的畏难者。青春由磨砺而出彩，作为新时代的大学生，你是如何看待挫折与困难的？当你面临挫折与困难时，你又是如何应对的？是奋力搏击，还是犹豫逃避？结果又怎么样？本专题试图与大家一起探讨上述问题。

一、熟读精思

（一）内省主题

如何看待挫折与困难？如何实现青春由磨砺而出彩？

（二）线上熟读

书目：《恰到好处的挫折》《钢铁是怎样炼成的》。

（三）精思感悟

阅读以下两则材料，结合线上熟读，个人独立思考，完成思考题。

材料一

"最美乡村女教师"方荣

1990年出生的方荣，小时候家境贫寒，在希望工程和爱心人士的帮助下，她才圆了读书梦。19岁那年，她从师范学校毕业了，毅然选择回到自己的母校——一所乡村希望小学教书。这所学校位于湖北省罗田县，深藏于大别山腹地，当时的交通很不便利，经济非常落后，条件十分艰苦，师资力量也相当薄弱，但她选择了留下来。

乡村教师的工作很清苦也很繁重，方荣往往身兼数职，既是班主任，又是任课教师，还是宿管员等，有时还要到很远的两个教学点给那里的学生上英语课，经常加班加点、走夜路赶山路。工作复杂艰辛，但方荣毫无怨言。2013 年，方荣因为出色的工作表现被提升为教学副校长。她谦虚好学，结合学校实际情况积极推动课程改革，创新思政课教学模式，完善教学质量考核，改善教学环境等，有力提升了教学质量，赢得了很多荣誉。2018 年，方荣被任命为校长。

"艰难困苦，玉汝于成"，她坚守在这里，把自己最美好的青春奉献给了这里的孩子们。她用自己的实际行动，托起了山区乡村教育的希望。她不再是"90后"女孩，而是十里八乡老百姓心中的"最美乡村女教师"！

——参见《学习新思想，建功新时代——方荣》，青年态度，2018 年 5 月 24 日。

材料二

苦苦追寻数学的华罗庚

华罗庚是我国著名的数学家，1910 年出生在一个贫苦家庭，读小学时，成绩不突出，数学也只是勉强及格。1925 年，华罗庚初中毕业，无法继续读高中，只能去一所职校学习会计，最后还是辍学在家帮助父亲打理杂货店铺。但他并没有放弃学习，自此开始了忙碌的柜台生活：算账、收钱、钻研数学。有时他学得入迷，忘了招待客人，被大家笑称为"书呆子"。

19 岁那年，因为发生瘟疫，华罗庚不幸感染伤寒，卧床不起。他在床上自学完了高三和大学一、二年级的全部数学课程。后来病虽好了，左腿却落下了残疾。但他并不悲观，继续发奋自学。1930 年，华罗庚在上海《科学》杂志上发表的《苏家驹之代数的五次方程式解法不能成立之理由》轰动数学界，被清华大学破格聘请担任助理员。他利用工作之余读书和学习，一年半自学完数学系全部课程，并在国外杂志上发表多篇论文。1936 年华罗庚被推荐去英国剑桥大学留学，两年多他又发表了数十篇论文，引起国际数学界高度赞誉。

但他没有忘记祖国，1938 年他毅然回到西南联大执教，伴着猪栏、牛圈和油灯，终于用 8 个月时间完成了著名的《堆垒素数论》。1950 年，他回到清华大学任教，发现并培养了王元、陈景润等数学人才。华罗庚只有一张初中毕业证，却走出了曲折而辉煌的人生道路，当他遇到挫折时，选择了勇往直前。他是中国解析数论、矩阵几何学、典型群、自守函数论等多方面研究的创始人和开拓者，是蜚声中外的杰出数学家。

——参见《数学大师华罗庚》，中央人民政府门户网站，2008 年 12 月 25 日。

思考题：

1. 如何理解"艰难困苦，玉汝于成"？

2. 如何理解"勤能补拙是良训，一分辛苦一分才"？

二、返观内视

（一）困惑内照

结合熟读精思，简要回答以下问题：

1. 如何看待挫折与成功的关系？

2. 当遇到挫折与困难时，我们应如何应对？

（二）研讨检视

1. 如何看待挫折与成功的关系？

（1）讨论

生活中，你常常听到"自古英雄多磨难""年轻人要多吃点苦""先苦后甜"，那么你吃过苦吗？又经历过哪些挫折？所谓的苦和挫折究竟是磨难还是灾难？挫折可以通向成功吗？

（2）点评

大学生会遇到很多的不适应、困扰和难题，比如高考后遗症带来的自卑、听不懂老师的教学、复杂的人际交往、回不去的初恋、生活的不如意，这些不适应、困扰和难题都是挫折的鲜活表现形式。

挫折与困难无处不在，人类就是在克服各种挫折的过程中生存下来的，挫折往往会阻碍人们实现既定的目标。如果你选择勇敢面对挫折，你将会赢得胜利；如果你选择回避挫折，你将会后退或者失败。我们常说失败是成功之母，这里的"母"是先导和基础，只有积极、及时地从失败中总结经验和教训，学会不断反省、不断总结和不断改进，才能反败为胜。所以，我们也说挫折和失败孕育着成功。

2. 当遇到挫折与困难时，我们应如何应对？

（1）讨论

当遇到挫折与困难时，你会如何应对？是选择勇敢面对还是惊慌逃避？结果又怎样？你有什么启发和收获？

（2）点评

自古英雄多磨难，有文王拘而演《周易》、仲尼厄而作《春秋》、屈原放逐乃赋《离骚》、左丘失明厥有《国语》、孙子膑脚《兵法》修列等。先哲们在遭遇挫折时，没有放弃，没有逃避，而是选择勇敢地面对各种挫折的考验甚至折磨，最终转危为安，成就大业。

我们要铭记先人的精神，也要牢记后浪的使命。当遭遇挫折时，不要慌张，不要害怕，保持冷静，理智应对。首先，要正确对待成败得失，保持乐观的心态。要明白失败是人生常态，善于发现失败的价值和意义，不要盲目悲观、自我消沉。其次，要弄清楚遇到挫折的原因，找到问题的源头，认真分析问题，学会反思和总结。再次，要提高应对挫折的能力和心理素质，学会勇敢正视困难、学会主动出击，愈挫愈勇，敢于"碰钉子"、敢于"自找苦吃"，在磨难中锻炼自我、提升自我。最后，要善于总结，提炼方法。好的方法和技巧有助于快速解决困难，帮助我们脱离困境。

3. 青春因磨砺而出彩吗？

（1）讨论

青春是朝气蓬勃、缤纷多彩的，大学生正处于青春最好的时期。你的青春是什么颜色？我们常说年轻人要多磨砺、多吃苦才能悟透青春，才能读懂人生，那么青春真的因磨砺而出彩吗？

（2）点评

青春是多姿多彩的，但青春之路从不缺少挫折和失败。青春需要磨砺，更需要勇气和决心。古往今来，无数仁人志士诉说着青春的故事，书写着生命的赞歌。15 岁的刘胡兰英勇就义，她的青春是壮烈的鲜红；20 岁的黄文秀奋战在脱贫一线，她的青春是朴实的纯白；23 岁的袁隆平立誓解决粮食增产问题，他的青春是金灿灿的稻穗黄；25 岁的屠呦呦一毕业就投身药学研究，她的青春是生机勃勃的青蒿绿；28 岁的杜富国说"让我来"扫雷，他的青春是钢铁般的军绿……

"宝剑锋从磨砺出，梅花香自苦寒来。"他们的青春因磨砺而更加坚毅、因奋斗而更加动人，奋斗是他们的青春最亮丽的底色。无奋斗不青春，因为奋斗所以高尚，因为挫折所以精彩，因为磨砺所以出彩。奋斗的青春才是最幸福的，人生因奋斗而升华。青年时期只有多经历一些磨难。多吃一点苦，多经受种种考验、多磨砺身心，才能更好地适应生活，更好地成就自我。总之，只有不怕困苦，树立远大的志向，坚定理想信念，练就真的本领，才能创造无悔的青春。

（三）体会返观

根据困惑内照和研讨检视，通过参与教学活动，分享自己的习得体会。

三、口诵心惟

（一）诵阅名言

故不积跬步，无以至千里；不积小流，无以成江海。骐骥一跃，不能十步；驽马十驾，功在不舍。锲而舍之，朽木不折；锲而不舍，金石可镂。

——［战国］荀子

老当益壮，宁移白首之心？穷且益坚，不坠青云之志。

——［唐］王勃

富贵福泽，将厚吾之生也；贫贱忧戚，庸玉汝于成也。

——［北宋］张载

苦难对于天才是一块垫脚石，对于能干的人是一笔财富，对于弱者是一个万丈深渊。

——［法］巴尔扎克

有创造力的人不会沉溺于过去的痛苦，他们会学会教训；而弱者则是整日沉浸在痛苦里，回顾以往的困难来折磨自己。

——［法］巴尔扎克

困苦能孕育灵魂和精神的力量。

——［法］雨果

人在身处逆境时，适应环境的能力实在惊人。人可以忍受不幸，也可以战胜不幸，因为人有着惊人的潜力，只要立志发挥它，就一定能渡过难关。

——［美］卡耐基

（二）哲理探讨

结合以上名言，探讨其中蕴含的哲理。

（三）分组演讲

结合诵阅名言及哲理探讨，参考以下角度开展分组演讲。

1. 对挫折的总体认识

（1）什么是挫折？

（2）大学生遇到的挫折有哪些？

（3）挫折对人生的影响。

（4）挫折是把双刃剑。

2. 对挫折与成功的认识

（1）自古英雄多磨难。

（2）挫折孕育成功。

（3）失败是成功之母。

（4）正确看待成败得失。

3. 对挫折与青春的认识

（1）青春的烦恼有哪些？

（2）青春因挫折而精彩。

（3）苦难对于天才是一块垫脚石。

（4）穷且益坚，不坠青云之志。

4. 应对挫折的方法

（1）树立积极的挫折观。

（2）锲而不舍，金石可镂。

（3）打铁还需自身硬。

（4）居安思危。

四、品评卓逸

(一) 总结点评

1. 哲理探讨的点评

中华民族历经磨难，依旧充满活力。在上述名言中，"贫贱忧戚，庸玉汝于成也"表明了挫折和困难的必要性；"困苦能孕育灵魂和精神的力量"强调了苦难的重大作用和意义；"锲而不舍，金石可镂"指出了应对挫折和困难的方法，只要锲而不舍，一定可以金石为开；"穷且益坚，不坠青云之志"强调了越是处境困难，越要有应对挫折的积极态度，越要树立高远的志向。巴尔扎克道出了不同的人对苦难的认识，强调了挫折和困难是人生的财富，而学会改变和创造是应对挫折的正确方法；卡耐基则更进一步指出了人的无限潜力和创造力，呼吁世人不要害怕挫折和困难，要学会立志，积极探索应对挫折的方法，只要坚强面对，一定可以渡过难关，成就自我。

我们要自觉从这些名言警句中汲取营养，正确认识挫折和困难对于人生发展的意义，学会应对挫折的方式方法，在磨砺和奋斗中让自己的青春更出彩。

2. 分组演讲的点评

本课演讲共从四个角度列出了 16 个具体题目。这四个角度从普遍到特殊，从问题到方法论，从方法论到人生观，逐步引导学生认识挫折是什么、挫折与成功的关系、挫折与青春的关系、应对挫折的方法以及如何让青春更出彩，具有一定的内在逻辑和关联。

在具体演讲中，引用经典案例或者名人名言来论述自己的观点，会更形象，更有说服力。同时还要理论联系实际，学会结合自己的工作、生活和学习等具体情况来论述自己的所感所思，这样会更加真实，更有感染力和亲和力。此外，还要注重演讲内容的翔实和充分。演讲层次要分明，逻辑要清晰，演讲者的普通话要标准，语言表达要自然流畅。

(二) 习得品味

挫折是什么？怎样正确看待挫折和困难？这是每个人在成长中都要面对的问题，也是必须要解决的人生课题。人生路漫漫，走向成功的道路充满了艰辛，但我们也充满了信心。通过本次课的内省，相信大家对主题会有更多的认识和理解，让我们一起来品读反思。

首先，怎样正确看待挫折和困难？想要回答这个问题，先要弄清楚挫折是什么。巴尔扎克曾形容，挫折对于天才是垫脚石，对于弱者却是万丈深渊。可见挫折并不全是消极的，它也有积极的一面，特别是对成功有助推作用。只有把握了这一点，才能更好地应对挫折。那么如何应对挫折呢？可以从挫折的大小、受挫的原因、自我能力等方面来反思：是改变外界，还是改变自我？总之要结合实际，牢记失败是成功之母，学会化挫折为动力、化挫折为磨砺，不断提升应对挫折的方法和能力。

其次，如何使青春由磨砺而出彩？众所周知，青春之路并不平坦，每个人都会遇到学业上、生活上、情感上和心理上的各种问题，令我们不禁思考：这些是人生的磨砺还是不幸？是选择观望还是选择参与？我们可以从青春面临的问题、青春是否需要磨砺、青春如何出彩三个方面进行思考和总结。当你对挫折和困难有了正确的认识，才会明白磨砺对青春的意义，才会积极应对挫折，努力实现青春出彩。不经历风雨，怎么见彩虹？所以要想大有可为、大有作为，就要敢于多经风雨、多见世面、多长才干，在实践中"千锤百炼"，而后"增益其所不能"。只有这样，才能青春无悔，实现青春出彩。

由此，通过本次内省，我们需要谨记：挫折是把双刃剑，成功之路必有挫折相伴、失败相随，我们要保持乐观、平和的心态，积极应对。要学会化挫折为动力，把不利变有利，不惧风雨，勇往直前，让青春在党和人民最需要的地方绽放光彩！

（三）反思提升

围绕本次内省主题，在课后及以后日常生活中经常积极反思以下问题：

1. 我能正确看待挫折和困难吗？

2. 我能勇敢接受挫折和失败吗？

3. 我有应对挫折和失败的能力吗？

4. 我有坚持不懈、奋斗到底的品格吗？

长风破浪会有时

——如何站稳职场，创造美好未来？

"闲来垂钓碧溪上，忽复乘舟梦日边。行路难，行路难，多歧路，今安在？长风破浪会有时，直挂云帆济沧海。"这是唐代著名诗人李白《行路难》中的诗句，尽管此时诗人仕途遭遇不顺，但他并没有放弃远大的理想抱负，而是继续保持乐观豁达的心态，勇敢地与挫折作斗争，激励了一代又一代后人。

悠悠岁月，寒窗数载，大学生活不知不觉已到了尾声。对于马上就要毕业的你们，毕业不仅仅是学业的结束，更是职场的开始。那么，你准备好做什么工作了吗？准备好去哪里闯荡了吗？准备好进入职场了吗？又将拿什么站稳职场呢？这些问题很紧迫也很现实，本专题试图与大家一起探讨上述问题。

一、熟读精思

（一）内省主题

如何正确看待就业与择业？如何站稳职场，创造美好未来？

（二）线上熟读

书目：《职场精进之路——从巨婴到大咖》《高情商职场沟通术》。

（三）精思感悟

阅读以下两则材料，结合线上熟读，个人独立思考，完成思考题。

材料一

"环卫天使"李萌

1989年出生的李萌是地道的北京人，18岁参军入伍，2009年从部队复员后，成为北京市东城区环卫中心十所"三八女子抽粪班"最年轻的掏粪工。刚开始工作，由于没经验，当她费力地打开路边井盖时，差点被里面的恶臭熏晕，有时身上被溅满粪水，有时还会因为粪味受到附近居民的质疑和谩骂。

工作虽然艰难，但她没有放弃。她虚心地向前辈请教方法，不断提高抽粪技巧，并利用业余时间跑遍所有巷子，摸清粪井溢满规律；结合当地居民的作息时间来确定掏粪时间，尽量避开居民做饭和外出多的时候，偶尔还帮助附近居民做一些力所能及的小事。这些行为逐渐拉近了她和居民之间的距离。

她认为工作无贵贱，行业无尊卑，只是分工不同，干一行爱一行，要干就要用心干好，要继续发扬时传祥老前辈以苦为乐、爱岗敬业的精神。如今，从获得全国五一劳动奖章到成为《榜样4》中的榜样，对于这份工作，她感受更多的是充实和自豪。

——参见《榜样故事："环卫天使"李萌》，共产党员网，2019年10月21日。

材料二

英雄机长刘传健

2018年5月14日6点26分，四川航空公司3U8633航班的机长刘传健像往常一样执行飞行任务，这条航线刘传健已经飞行了上百次。7点左右，飞机进入巡航状态，119名乘客大都在睡梦中。突然间"轰"的一声巨响，飞机右侧内挡玻璃出现裂纹，副驾驶也被甩出座位并受了伤，许多设备出现故障，噪声也非常大。

整架飞机都在剧烈震动，刘传健迅速向管制台发出求助信号。只见右侧前挡风玻璃整体爆裂，强风摧毁了仪表台，驾驶舱内温度骤降到零下40多摄氏度，飞机随时可能翻滚着掉下去。万米高空中的强大气流使刘传健无法戴上氧气面罩，凭借多年练就的过硬飞行技术和经验，他小心翼翼地操纵着飞机，在坚持20多分钟后，终于飞出了山区。

当飞机平稳降落在跑道上的那一刻，乘客们激动地鼓掌欢呼，刘传健和机组人员却瘫软在座。因为专业，所以成功。飞行数据记录了刘传健手动36个动作精准无误，被业界誉为完成了"不可能完成的任务"。因为出色表现，他被授予"中国民航英雄机长"称号。

——参见《英雄机长刘传健："奇迹"背后的实力，让人热泪盈眶！》，搜狐网，2019年10月20日。

思考题：

1. 如何理解"干一行，爱一行"？

2. 如何做到"专一行，成一行"？

二、返观内视

（一）困惑内照

结合熟读精思，简要回答以下问题：

1. 如何理解"先就业，再择业"？

2. 如何规划人生，站稳职场？

（二）研讨检视

1. "先就业，再择业"这种观点对吗？

（1）讨论

关于就业难的问题，有人提出"不要挑三拣四，先找一个工作锻炼""先就业，再择业""先工作一段时间再跳槽"等观点，你认同吗？

（2）点评

2020年高校毕业生有874万人，再创历史新高。当前，高校毕业生中"慢就业"现象日趋流行，同时结构性矛盾导致很多毕业生无法及时就业。面对严峻的就业形势，"先找个工作做着，等有机会再跳槽"成了很多毕业生的选择。到底是"先就业，再择业"，还是"先择业，再就业"，这个问题要结合实际情况来分析。那些尚不清楚自己就业方向和目标的同学，可以先找一个自己感兴趣或者能胜任的工作，通过一段时间的实习、锻炼和摸索，进一步评估和调整。而那些一开始就明确自己就业方向和目标的同学，可以先到目标行业工作，不断积累经验，再选择更适合自己、更具有挑战性的工作。总之，不要等待，行动起来最重要。

2. 在职场中，工作能力和情商哪个更重要？

（1）讨论

进入职场，我们常常有些忧虑：我有哪些优势？我又有哪些不足？我的工作能力如何？工作能力和情商哪个更重要？

（2）点评

职场犹如战场，要想让自己在职场中屹立不倒，需要具备突出的工作能力。这里的能力不仅包含专业能力（指从事某一职业的专属能力），还包括通用能力即迁移技能（指完成许多工作的能力）。能力越强，办事效率就越高，质量就越好，越能赢得同事和上司的赏识。比如英雄机长刘传健，生死关头，他凭借出色的专业技能和心理素养赢得全民认可。

所谓情商，也称情绪智慧，指人在情绪、情感、意志、耐受挫折等方面的品质。在实际工作中，除了出色的能力，情商也很重要，它有助于更好地解决问题、适应社会。高情商可以让我们在职场中更好地定位自己、更好地进行人际沟通、更好地共情和包容、更好地调节情绪和心态、更好地扛住挫折，这些都是职场的法宝。总之，工作能力和情商都很重要，都是工作的有力武器，都需要努力培养和习得。

3. 在职场中，如何学会做人、做事和学习？

（1）讨论

初入职场，可能会遇到哪些问题呢？职场中如何学会做人、做事、学习和成长？

（2）点评

大学生刚刚走出校门，比较欠缺的就是工作经验，在工作时难免会遇到一些挫折和困难，比如如何与同事相处、如何有效完成工作任务、如何表达自我等，这些都需要我们认真思考、理性看待。俗话说，做人第一，修业第二。大学生进入职场，不仅要学会做好工作，还要学会做人做事，学会学习。

大学生初入职场，在与人相处时，要坚守一定的做人底线，要讲诚信，要真诚友爱，要善良包容，要爱岗敬业，要恪守职业道德和规范，这样才能赢得别人的信赖与尊重。做事方面要讲究一定的原则，有所为有所不为；要自觉守法，遵守工作纪律和要求，不偷懒、不怕难，不怕出错、不怕担责；要有大局意识、服务意识，敢于担当、勇于担责，不断提高工作效率、提升工作质量。

学无止境，大学毕业后更要加强学习。只有不忘学习、勤学好问，才能不断练就真本领。初入职场的大学生要及时给自己补课，时刻关注社会发展动态，关心行业发展趋势，树立终身学习观念，做好时间规划，养成读书学习的好习惯，不断提升自己的文化素养和工作能力，方能应对未来各种挑战和机遇。

（三）体会返观

根据困惑内照和研讨检视，通过参与教学活动，分享自己的习得体会。

三、口诵心惟

（一）诵阅名言

合抱之木，生于毫末；九层之台，起于累土；千里之行，始于足下。

——《道德经》

古之立大事者，不惟有超世之才，亦必有坚忍不拔之志。

——〔北宋〕苏轼

咬定青山不放松，立根原在破岩中。千磨万击还坚劲，任尔东西南北风。

——〔清〕郑板桥

通向荣誉的路上，并不铺满鲜花。

——〔意〕但丁

失败也是我需要的，它和成功对我一样有价值。只有在我知道一切做不好的方法以后，我才知道做好一件工作的方法是什么。

——〔美〕爱迪生

只有经过地狱般的磨炼，才能炼出创造天堂的力量。只有流过血的手指，才能弹奏出世间的绝唱。

——〔印度〕泰戈尔

一个人在科学探索的道路上，走过弯路，犯过错误，并不是坏事，更不是什么耻辱，要在实践中勇于承认和改正错误。

——〔美〕爱因斯坦

（二）哲理探讨

结合以上名言，探讨其中蕴含的哲理。

（三）分组演讲

结合诵阅名言及哲理探讨，参考以下角度开展分组演讲。

1. 对就业与择业的认识

（1）我理想中的工作。

（2）我现实中的困惑。

（3）先就业还是先择业。

（4）正确看待就业择业。

2. 对职场与事业的认识

（1）职场与大学的区别。

（2）进入职场前的准备。

（3）职场中遇到的问题。

（4）正确认识事业成败。

3. 站稳职场的要求

（1）学会适应职场。

（2）制订职业规划。

（3）坚守职业道德。

（4）提高职业技能。

4. 创造美好未来

（1）树立远大的志向。

（2）培养美好的品格。

（3）养成良好的习惯。

（4）注重实践和积累。

四、品评卓逸

（一）总结点评

1. 哲理探讨的点评

青年学生走入职场，是人生又一个崭新的开始。在上述名言中，诗人但丁认为要想获得荣誉，一路上有鲜花也有荆棘，道出了事业成功的艰辛；爱因斯坦热爱科学研究，这是他的工作，也是他的事业，他认为科学之路同样充满艰辛，犯错和失败并不可怕，也并不是耻辱，重要的是在实践中要不断改进和超越；爱迪生结合自己的发明经历，指出了失败的价值，强调了要善于从失败中总结方法和经验。这些都启发我们要认真看待事业成败，学会在失败中反省和成长。

那么如何驰骋职场呢？《道德经》里的"千里之行，始于足下"，突出了实践的作用和意义，要善于从小事做起，注重积累；苏轼进一步强调了成大事者必须要有的心理品质，即坚强的意志力；郑板桥以竹言志，道出了事业成功需要拥有美好的品格和坚定的信仰，就像竹子一样紧紧咬住青山、深深扎入缝隙，历尽磨难，依旧坚韧挺拔；泰戈尔最后强调了成功需要磨难，只有经过地狱般的磨炼，才能迎来灿烂的辉煌。

这些名言警句从不同视角，告诫了我们成就一番事业的艰辛和伟大。我们要正确认识职场，真诚待人，严谨做事，不怕困难和失败，稳扎稳打走好人生路。

人生就是用来奋斗的，奋斗的人生才是最美好的。

2. 分组演讲的点评

本课演讲共从四个角度列出了 16 个具体题目。这四个角度从述外到析内，从宏观到微观，从抽象到具体，把就业选择、职场发展、美好生活紧密联系起来，论述由浅到深，由小到大，逐步递进，具有很强的逻辑性。只有深入学习并理解题目之间的关联，才能明白其中的逻辑与目的，才能更好地把握主题、升华认识。

在具体演讲中，要学会分析逻辑，注重观点的精练，引用经典案例或者名言警句、时事新闻等可以更好地充实内容，丰富主题思想。此外，还可以结合自身经历和实际来谈体会和感受，这样会贴近现实，有助于理解和总结。当然，流利的普通话、得体的仪态、积极乐观的精神风貌也有助于提升演讲的整体效果和水平。

（二）习得品味

如何正确看待就业与择业？如何站稳职场，创造美好未来？这是每一个即将毕业的大学生都会面临的问题。对这些问题的思考和回答不仅检验着一个人学业的成效，还关系着一个人事业发展的成败。通过本次课的内省，我们要结合自我实际进行反思和总结，下面我们一起对这个主题进行梳理。

首先，如何正确看待就业与择业？对于这个问题的思考是回答如何站稳职场的前提。只有弄清楚了迫在眉睫的就业问题，树立了正确的就业观和择业观，才可能顺利进入职场。不论是"先就业，再择业"，还是"先择业，再就业"，每个人都需要弄清楚自己的实际和实力，既不要好高骛远，也不要妄自菲薄。要知道"好的开头是成功的一半"，所以要谨慎选择自己的第一份工作。选是有针对性地选、分情况分问题去选，比如选行业、选单位性质、选工作地点、选工资待遇、选企业文化等，切不可盲目跟风、过于功利化，一定要结合自身实际、量力而行。

其次，如何站稳职场，创造美好未来？关于这个问题，我们必须要弄清楚：进入职场要适应什么？站稳职场的要求有什么？要想真正回答好这些问题，需要进一步反思：我有哪些优势和不足；我的工作能力怎样；我的情商如何；我在工作中应该怎样做人、做事和学习，又需要掌握哪些处事原则和技巧等。这些都需要大学生结合自己的实际情况做好规划，一定要有步骤、有目的地锻炼自己、提升自己。冰冻三尺，非一日之寒。适应职场需要一定的时间，站稳职场更需要长期的摸索和磨砺，创造美好的生活则是我们一生想要追求的目标和幸福。那么，在职场中如何定位自我？又如何把职业变成事业，把情趣变成情怀，把成功变成成长？这些是关乎人生发展的深层次问题，只有解决了这些才是真的站稳了人生的职场。人生没有永远的赢家，但从不缺乏奋斗者。所以大学生切不可急功近利，要学会沉淀自己，学会武装自己，既要仰望星空，也要脚踏实地，不畏艰辛，永远保持乐观向上的心态。

由此，通过本次内省，我们需要谨记：人生路漫漫，行路难。我们要珍惜大学生活，勇敢驰骋职场。职场亦是战场，要积极面对职场上的挫折和失败，更要学会在职场上保护自我，披荆斩棘，乘风破浪，创造属于自己的美好未来。

（三）反思提升

围绕本次内省主题，在课后及以后日常生活中经常积极反思以下问题：

1. 我有职业生涯规划吗？

2. 我想从事什么行业、职业？

3. 我为职业做了哪些准备？

4. 我有哪些专长和创意？

后 记

　　在大学生中开展内省教育是对我国优秀传统文化中修身之道活态传承的需要，也是践行习近平总书记提出的"从自身内省中提升道德修为"重要要求和提升新时代大学生思政教育效果的一项具体创新举措。武昌理工学院十余年来将内省教育纳入大学生必修课的探索表明，内省教育对大学生产生了广泛深刻的积极影响，并应当通过把准课程定位、激活学生思维、创新理念方法等进一步优化。为此，我们立足"新时代大学思政教育新模式"的课程定位，聚全校内省教师之力，组织编写了这本《大学生内省教育简明教程》，并力求使其成为一本兼具教材和通俗读物性质的书籍。

　　本书是长期实践的结晶和集体智慧的产物，赵作斌教授审定了全书的编写思路、框架设计，并负责了审稿、统稿工作。蔡贤浩、梁东兴、黄文姬、李金永亦对本书的设计、审稿和统稿作出了贡献。参与本书编写工作的还有（按姓氏拼音排序）：陈梅、高琼、龚丽、蒋国华、来文玲、李芳、李雅兰、芦珊、鲁晓煜、罗斌斌、骆心怡、齐欢欢、熊艳云、徐蓓、岳晓红等老师。他们在繁忙的教学工作之余潜心写作、加班加点，终使本书得以付梓。学校多年来承担过内省教学任务的全体教师均贡献了自己的智慧。

　　本书在编写的过程中收集了大量资料，走访了相关专家学者及校友，并多次组织了广泛调研活动。内省教育活动也多次得到了众多媒体朋友、编辑出版朋友们的宣传报道和青睐，十余年来多有叨扰。

　　另，值此付梓之时，欣然之情不能不表：先贤圣人日三思，梅南汤逊多内省；十年磨砺育新人，不负追求卓越情。七篇二十八专题，四阶十二教新意；立德修身齐努力，此情可期满桃李！

　　最后，衷心向所有曾经帮助过我们的专家学者致以敬意和谢礼！

本书编委会

2020 年 9 月